EL SISTEMA **CAGED** & **100** **LICKS** PARA **GUITARRA** ROCK

JOSEPH **ALEXANDER**

FUNDAMENTAL**CHANGES**

El sistema CAGED y 100 licks para guitarra rock

Publicado por **www.fundamental-changes.com**

ISBN: 978-1-911267-26-3

Derechos de autor © 2019 Joseph Alexander

Traducido por: E. Gustavo Bustos

El derecho moral de este autor se ha reconocido.

www.fundamental-changes.com

Para Amanda

Todas las pistas de acompañamiento incluidas fueron creadas por el excelente Quist. ¡Visítalo!

Contenido

Prefacio

Gracias por tomar la decisión de comprar este libro. Este es el sexto libro de enseñanza que he escrito y, a juzgar por los comentarios y las críticas que estoy recibiendo, parece que la gente realmente los disfruta y les resultan fáciles de aprender. No puedo describir qué tan increíble es la sensación de ser capaz de ayudar a la gente a aprender a tocar la guitarra de esta manera. La música y la educación han sido mi pasión durante los últimos 20 años; todavía doy clases privadas pero, saber que de alguna manera estoy ayudando a tantas personas a aprender la guitarra es muy especial. A la fecha, se han vendido casi 10.000 libros, lo cual es un número increíble. Hay unos pocos libros más planificados y me comprometo a mantenerlos siempre originales, sencillos y beneficiosos para tu interpretación.

¿Por qué otro libro sobre el sistema CAGED?

¡Es una buena pregunta! Mi primer libro sobre el CAGED normalmente se puede encontrar entre los 10 mejores libros de "guitarra" en Amazon.com (en su versión original en Inglés). Todavía está entre los 5 primeros libros de guitarra "blues" después de 8 meses.

Sin embargo, creo que también hay margen para aplicar el sistema para aprender la guitarra rock. Mientras que el primer libro se enfocó en el desarrollo de una base sólida en la guitarra blues, este libro lleva el concepto de CAGED al siguiente nivel. Si bien puede haber algunas similitudes en la *estructura* del libro, el material en sí es todo nuevo y específicamente escrito para aumentar tu visión del diapasón como guitarrista de "rock"... y, obviamente los 100 licks que he incluido son todos *completamente* nuevos. Cada lick te enseñará algo acerca de la forma de escala que estás utilizando para un solo. Algunas líneas son sencillas, algunas son un poco más complicadas, y un par son incluso más en estilo de *shred*. De cualquier manera, todas ellas destacan una parte diferente de cada forma de escala. No te sientas obligado a tocar cada línea *exactamente* como está escrita — trata de ver el concepto detrás de cada lick y adóptalo para tu interpretación.

Pero el rock es un género bastante grande...

Estoy completamente de acuerdo. Todos somos el resultado de lo que escuchamos. Para mí el rock abarca desde Led Zeppelin y Hendrix, pasando por los Rolling Stones, Van Halen, Jeff Beck, Metallica y cientos de otros grandes músicos. No puedo decir que estos 100 licks son todos del "rock de los 70", o "de guitarra ochentera" porque gran parte de eso depende de muchos aspectos estilísticos ... el sonido, el dominio, el gusto, la velocidad, el tono, el vibrato, el ritmo, el contexto y una cantidad de otros factores. La escala de blues en las manos de Joe Satriani es una cosa muy diferente que en las manos de Frank Zappa, por ejemplo.

Por esta razón te aconsejo estudiar los licks de este libro y absorber su esencia; puede que sea un patrón, una sensación, una serie de bends y deslizamientos o una nota objetivo.... Sea lo que sea, trata de incorporar el *concepto* en tu interpretación. Luego, en cualquiera que sea el estilo que elijas tocar, siempre serás capaz de cavar más profundo y encontrar las herramientas que necesitas para expresarte con claridad y de forma creativa.

No lo olvides, *el objetivo de este libro es enseñarte el diapasón de tu guitarra.* Los ejercicios realmente desbloquean el diapasón. Yo los aprendí en el Guitar Institute y los enseño a todos mis estudiantes con excelentes resultados. Pueden ser un poco difíciles al principio, pero todos valen la pena. ¡Lo prometo!

¡Buena suerte!

Joseph

Obtén el audio

Los archivos de audio de este libro se pueden descargar de forma gratuita en http://www.fundamental-changes.com/ y el enlace se encuentra en la esquina superior derecha. Sólo tienes que seleccionar el título de este libro en el menú desplegable y seguir las instrucciones para obtener el audio.

Te recomendamos descargar los archivos directamente a tu computador, no a tu tableta, y extraerlos allí antes de añadirlos a tu biblioteca multimedia. Luego, ya puedes ponerlos en tu tableta, iPod o grabarlos en un CD. En la página de descarga hay un archivo de ayuda en PDF y también ofrecemos soporte técnico a través del formulario de contacto.

Kindle / eReaders

Para sacarle el mayor provecho a este libro, recuerda que puedes pulsar dos veces cualquier imagen para verla más grande. Apaga la "visualización en columnas" y mantén tu Kindle en modo horizontal.

Introducción

El mayor reto al que se enfrentan la mayoría de los guitarristas es hacer completamente accesible el diapasón de la guitarra. El objetivo es ser capaz de tocar todo lo que oigas en tu cabeza donde quiera que estés en la guitarra y no quedarse atrapado tocando los mismos viejos licks en la misma posición.

La primera escala que la mayoría de nosotros aprende a tocar es la escala menor pentatónica en la primera posición. Esto no es algo malo pues suena fantástica, es fácil de recordar y da acceso a muchos de los licks que queremos oír. Desafortunadamente para muchos intérpretes, allí se detiene el aprendizaje. Muy pronto nuestros solos pueden llegar a ser aburridos y predecibles, siempre utilizamos la misma forma de escala y tocamos las mismas líneas.

En realidad, hay 5 formas diferentes de la misma escala menor pentatónica que podemos utilizar por todo el diapasón. Aunque contienen las mismas notas, estas notas no necesariamente tienen los mismos *tonos* y cada forma individual garantiza generar diferentes líneas y matices en tu interpretación. El simple hecho de que nuestros dedos estén utilizando diferentes formas en la guitarra nos llevará a tocar solos nuevos y emocionantes.

Otra cosa a tener en cuenta es que si, por ejemplo, estás en la tonalidad de A, y utilizas aquella caja pentatónica (pentatonic box) del 5to traste, inmediatamente estás limitando las posibilidades de la primera línea que tocas en tu solo. ¿Puedes tocar *al instante* en la tonalidad de A en *cualquier posición* en el diapasón sin pensar? ¿Qué hay de tocar al instante en *cualquier* parte del diapasón en la tonalidad de G#?

A menudo en la guitarra rock, pueden haber cambios de tonalidad repentinos. Si estás tocando en la tonalidad de G y luego tienes que cambiar a la tonalidad de C#, ¿saltas inmediatamente desde el 3er traste, en la escala de G menor pentatónica para tocar una idea similar en el 9no traste? ¿No sería mejor no tener que saltar?

Para desarrollar absoluta libertad melódica en la guitarra, tenemos que ser capaces de tocar las notas de cualquier escala o tonalidad en cualquier parte que queramos en el diapasón. Eso es lo que te enseñará este libro. No sólo para la escala de blues, sino también para los modos eólico, mixolidio y lidio, ya que son las escalas más utilizadas en la guitarra rock.

El sistema CAGED es la solución para las cuestiones anteriores. Es sencillamente un método que los guitarristas utilizamos para "colgar" todas nuestras escalas y licks en una forma acorde en particular. Si tenemos un acorde que es reconocible al instante, podemos utilizarlo para visualizar y desencadenar todo el vocabulario melódico y de escalas que conocemos en cualquier tonalidad o posición dada. Es una manera excelente y fácil de organizar nuestros pensamientos musicales.

Si bien hay algunos ejercicios muy útiles y de rápidos resultados para aumentar tu visión en la guitarra, este no sólo es un libro acerca de cómo tocar escalas en diferentes tonalidades. Cada modo tratado incluye 25 licks únicos (5 para cada forma de escala) y te enseña a utilizarlos a voluntad. No sólo vas a aumentar dramáticamente tu improvisación melódica espontánea cuando tocas un solo, también tendrás una amplia gama de vocabulario de guitarra rock útil, por lo que nunca estarás sin algo que tocar.

Si estás buscando desbloquear el diapasón y tener el control de qué y dónde tocas, o si simplemente estás buscando 100 licks geniales para guitarra, este libro te dará las herramientas que necesitas para empezar a hacer un bullicio estupendo hoy.

¿Qué es el sistema CAGED?

Me presentaron por primera vez el sistema CAGED en el Guitar Institute de Londres alrededor del año 2001. A partir de ese momento, su estructura simple y su sencilla división del diapasón en formas obvias y memorables revolucionaron mi forma de abordar la interpretación de la guitarra.

La guitarra es bastante inusual en su diseño; no es lineal en la forma que lo es un piano. En la guitarra podemos tocar exactamente el mismo tono en varias ubicaciones, ya sea moviéndonos *a lo largo* del diapasón o *a lo ancho* diapasón, mientras que en el piano sólo hay una manera de tocar cada tono específico.

Por esta razón se nos presentan una serie de desafíos, uno de ellos es *dónde* vamos a tocar cualquier nota en particular, y la otra es *cómo* visualizar nuestras escalas en diferentes posiciones.

El sistema CAGED es una forma muy poderosa para organizar nuestro pensamiento al tocar la guitarra. Es una manera inmediata y precisa para visualizar cada posición de la escala en torno a una forma de acorde específica y, al ver todo de esta manera, tenemos un punto de referencia inmediato del cual "colgar" nuestros licks.

El sistema CAGED divide el diapasón en 5 partes individuales y le asigna una forma de acorde a cada una. Las 5 formas de acordes se basan siempre en los acordes de posición abierta de C, A, G, E y D. Si estamos tocando un modo mayor vamos a visualizar los acordes de tipo mayor, y si estamos tocando modos menores vamos a visualizar acordes de tipo menor, es decir, C menor, A menor, G menor, E menor y D menor.

Por ejemplo, quizá ya reconozcas el acorde E menor en posición abierta de esta forma:

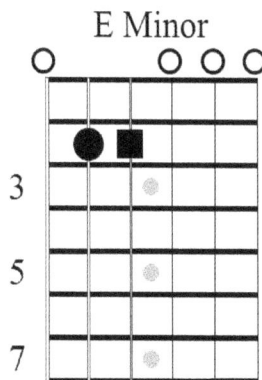

E Minor

Podemos tocar este acorde como una forma con cejilla de la siguiente manera (en este caso, en la tonalidad de Am):

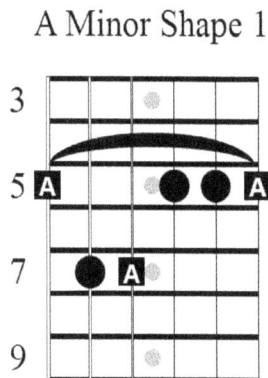

A Minor Shape 1

Debido a que este acorde con cejilla es móvil, hemos creado un ancla consistente alrededor de la cual podemos aprender y visualizar una forma de escala. Por ejemplo, mira la siguiente forma de escala de A eólica:

A Aeolian Shape 1

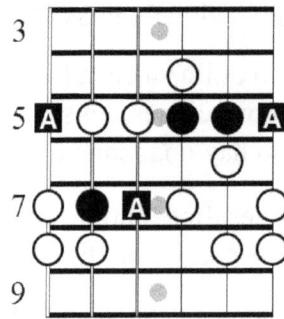

Puedes ver que las notas de la escala eólica (los puntos huecos) están construidas alrededor de la forma de acorde con cejilla de "E menor" (los puntos sólidos).

El diagrama de arriba muestra la escala de A eólica, dado que el acorde con cejilla se ha colocado en el 5to traste, en la nota "A". Al aprender cada forma de escala en torno a un voicing de acorde único, cuando se trata de tocar en una nueva tonalidad o en una zona desconocida del diapasón, simplemente visualizamos la forma de acorde que necesitamos y podemos ver al instante la forma de escala construida alrededor de aquella.

Poder visualizar cualquier escala de esta manera toma un poco de tiempo, por lo cual la mayor parte de los ejercicios de este libro están diseñados para enseñarte a hacer precisamente eso.

Como mencioné anteriormente, hay 5 formas de acordes móviles que debemos saber. La primera escala que vamos a estudiar es la escala de blues. Se trata de una escala de tipo *menor* así que vamos a aprender las 5 formas de acordes menores móviles en la tonalidad de A.

A Minor Shape 1   A Minor Shape 2   A Minor Shape 3   A Minor Shape 4

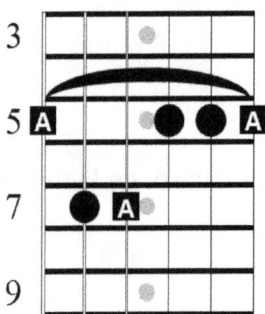

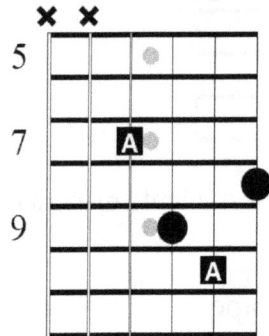

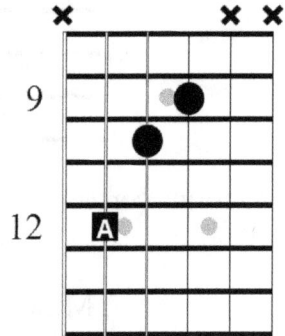

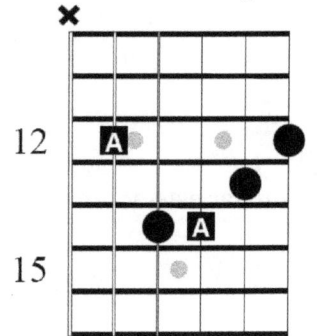

A Minor Shape 5

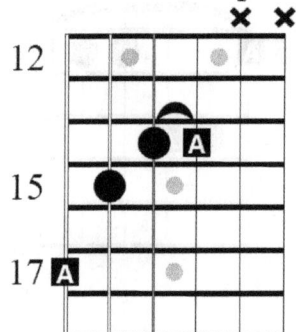

Como puedes ver, he dejado de llamar a estas formas "Forma C" o "Forma A", etc. Simplemente se denominan formas 1 a 5. Si estás interesado, aunque no es realmente importante ya,

La forma 1 es la forma E
La forma 2 es la forma D
La forma 3 es la forma C
La forma 4 es la forma A
La forma 5 es la forma G.

En la manera en que estos acordes están escritos, cada forma es un voicing diferente del *mismo* acorde A menor. Observa cómo todos se tocan en un área diferente del diapasón.

La forma 1 se toca en el área de los trastes 5to – 8vo (fundamental en la 6ta cuerda).
La forma 2 se toca en el área de los trastes 7mo – 10mo (fundamental en la 4ta cuerda).
La forma 3 se toca en el área de los trastes 9no – 12vo (fundamental en la 5ta cuerda).
La forma 4 se toca en el área de los trastes 12vo – 15vo (fundamental en la 5ta cuerda) y
La forma 5 se toca en el área de los trastes 14vo – 17vo o 2do – 5to (fundamental en la 6ta cuerda).

Es muy importante que entiendas que todos estos son el mismo acorde A menor, sólo que se tocan en diferentes lugares del diapasón.

Tienes que pasar algún tiempo memorizando estas formas de acordes. Estudia y toca la *figura y ejemplo de audio 1a*:

Practica tratando de moverte limpiamente entre las formas con un metrónomo a 60 pulsos por minuto (bpm). Esto te ayudará a visualizar las formas de acordes en el diapasón. Cuando te sientas seguro con eso, intenta la *figura y ejemplo de audio 1b*:

Al "saltar" acordes de esta manera, aprenderás a ver las formas mucho más claramente.

Cuando empieces a desarrollar mayor confianza con estas formas, será el momento de avanzar y aprender a "colgar" una forma de escala en cada acorde.

La escala más utilizada en la guitarra rock es la menor pentatónica / escala de blues. Como traté la escala menor pentatónica básica en **El sistema CAGED y 100 licks para guitarra blues,** vamos a empezar con la escala de blues.

Como se mencionó en la introducción, la mayoría de los guitarristas terminan atrapados en una rutina, porque son demasiado dependientes de la versión de la 1ra posición (Forma 1) de la escala de blues en A:

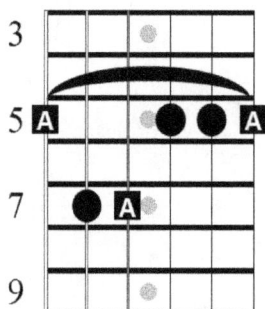

A Blues Scale Shape 1

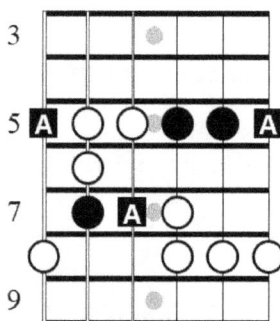

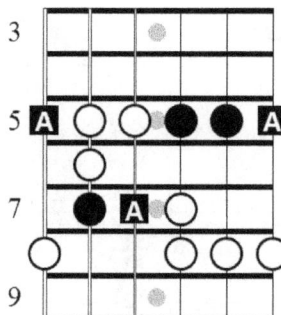

(Observa cómo se construye la escala alrededor de la forma 1 del acorde menor)

Los puntos sólidos son los tonos del acorde.
Los puntos huecos son los tonos de la escala.
Los puntos cuadrados son las fundamentales de la forma.

Sin embargo, la misma escala de blues en A menor se puede tocar alrededor de cualquiera de las 5 formas de acordes que estudiamos previamente.

Aquí están las 5 formas de los acordes menores de CAGED junto a sus respectivas formas de escala. Deberías ver fácilmente cómo cada forma de escala se construye alrededor de cada acorde ancla:

A Minor Shape 1   A Blues Scale Shape 1

A Minor Shape 2

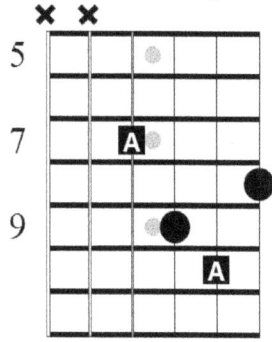

A Blues Scale Shape 2

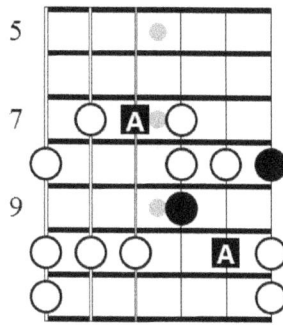

A Minor Shape 3

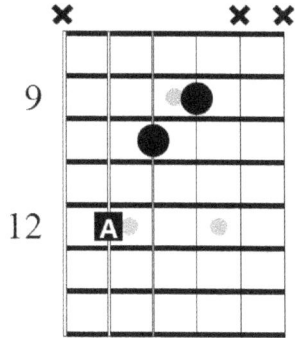

A Blues Scale Shape 3

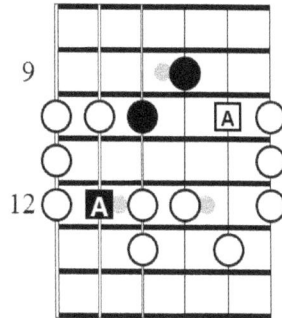

A Minor Shape 4

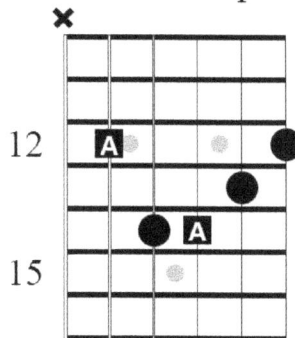

A Blues Scale Shape 4

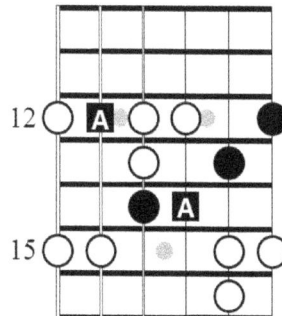

A Minor Shape 5

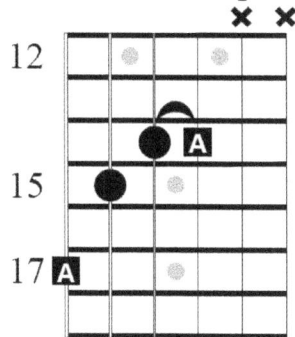

A Blues Scale Shape 5

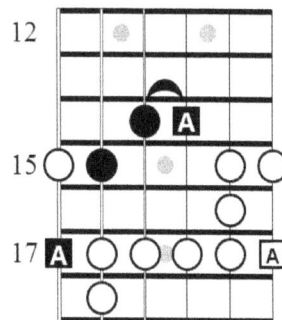

El sistema CAGED con la escala de blues

Vamos a empezar por cimentar las relaciones de acorde a escala en cada posición de la escala de blues en A. Comenzando con la forma 1, que puede que ya conozcas, escucha el siguiente ejercicio y luego tócalo. Cuando rasguees el acorde de A menor, di en voz alta "A menor pentatónica". Este es un paso muy importante para vincular el acorde con la escala en tu mente.

Figura y ejemplo de audio 3a

Forma 1

A Blues Scale Shape 1

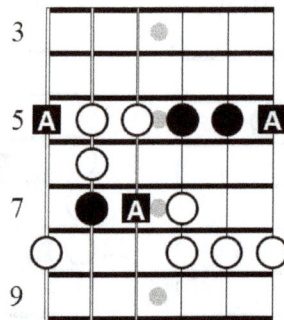

A Minor Blues Scale Shape 1

Toca y di el nombre del acorde/escala, luego toca a través de la escala y, finalmente, toca y di el acorde de nuevo. Esto amarra firmemente la señal visual del acorde con la forma de la escala que estás tocando.

Ahora repite este proceso con las otras 4 formas de acordes y las escalas relacionadas:

Figura y ejemplo de audio 3b.

Forma 2

A Blues Scale Shape 2

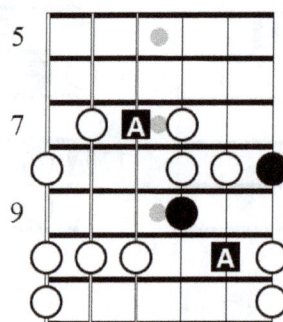

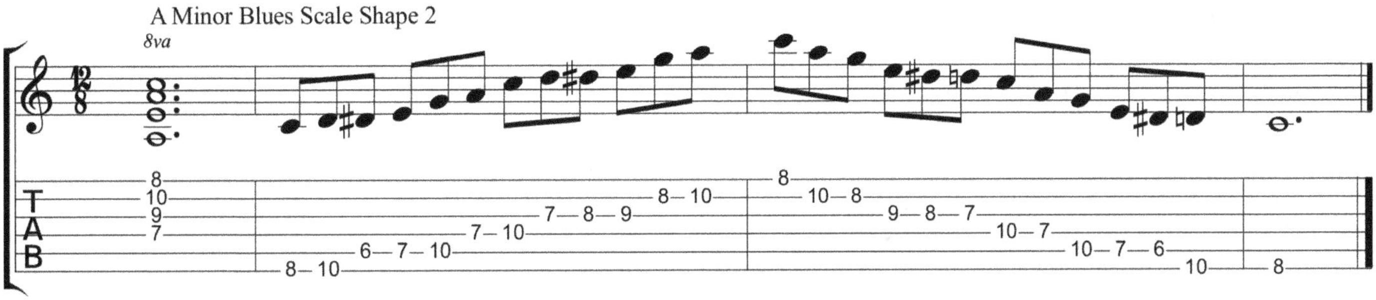

A Minor Blues Scale Shape 2

Figura y ejemplo de audio 3c.

Forma 3

A Blues Scale Shape 3

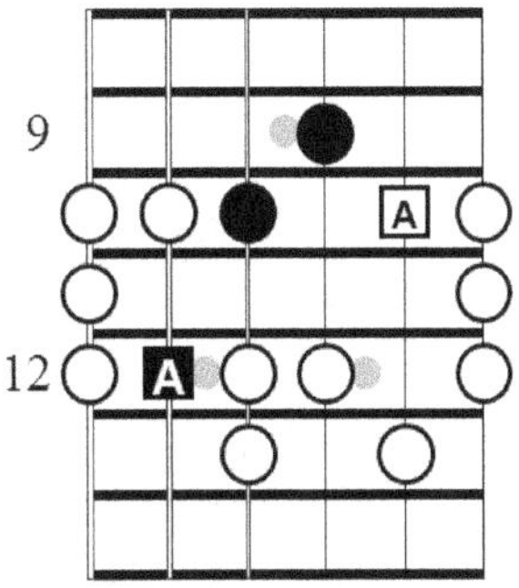

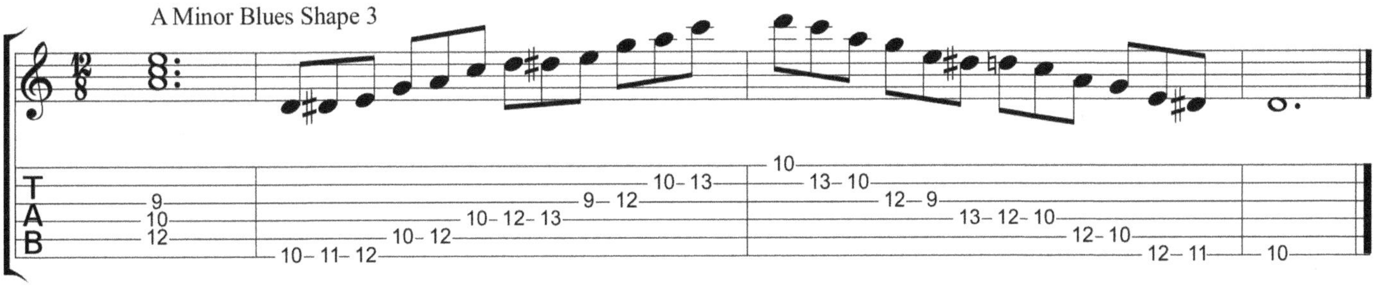

A Minor Blues Shape 3

Figura y ejemplo de audio 3d.

Forma 4

A Blues Scale Shape 4

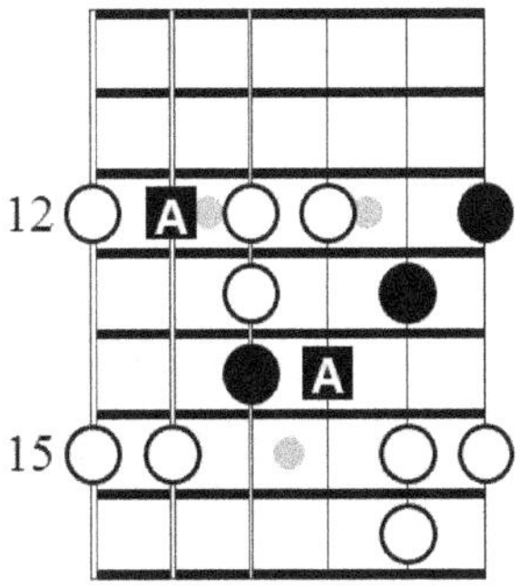

A Minor Blues Shape 4

Figura y ejemplo de audio 3e.

Forma 5

A Blues Scale Shape 5

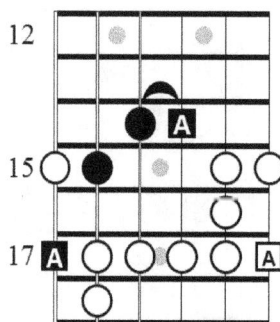

A Minor Blues Shape 5

Cuando estés tocando estas formas, es importante darse cuenta de que no estás necesariamente comenzando en la *fundamental* (A) de cada escala, simplemente estás comenzando en la nota *más grave* en cada posición.

Aprender estas 5 formas de escala en torno a sus correspondientes acordes es uno de los pasos más importantes de este libro. El tiempo pasado aquí será muy bien recompensado en los años venideros, así que trabaja duro para hacerlo bien. Tal vez quieras pasar un tiempo con cada forma de escala de forma aislada, quizás tocando cada una sobre una pista de acompañamiento de A menor (intenta la pista de acompañamiento 9) para acostumbrarte a la digitación, etc. En cualquier caso, vamos a utilizar estas escalas de forma creativa muy pronto.

Por último, antes de pasar al vocabulario para estas 5 formas, es muy útil aprender cómo cada una de las formas de CAGED se enlaza con las otras a lo largo del diapasón. Aprende este ejercicio ascendente para mostrarte cómo encajan las formas como en un rompecabezas en el diapasón.

Figura y ejemplo de audio 3f.

A Minor Blues Scale Ascending The Neck

¡Ve despacio con este! Hay algunas digitaciones difíciles cuando te deslizas entre las posiciones.

Para resumir todo el concepto del sistema CAGED:

Dividimos el diapasón en 5 áreas diferentes con base en formas de acordes abiertos.

Memorizamos cada posición de escala en torno a cada una de estas formas de acordes.

Mediante la visualización de una forma acorde en el diapasón podemos tocar con precisión la escala.

Al mover las formas de acordes podemos tocar en cualquier tonalidad en cualquier posición. (¡Hay *mucho* más por venir acerca de este concepto!)

Por ahora, nos concentraremos en desarrollar vocabulario útil o *licks* usando cada una de las 5 formas de escala que aprendiste en este capítulo.

Licks de la escala de blues para guitarra rock en 5 posiciones

Hemos desarrollado el reconocimiento de las 5 posiciones de la escala de blues de A menor; sin embargo, la música es mucho más que simplemente tocar escalas. Tenemos que aprender nuestro idioma de la misma manera que aprendimos a hablar con ayuda de aquellos que nos rodeaban cuando éramos bebés, y la mejor manera de hacer esto es simplemente repitiendo las palabras de aquellos que nos han precedido.

Las siguientes páginas contienen 25 licks de guitarra rock que utilizan la escala de blues; 5 licks para cada posición. Cada lick se escribe de forma individual para este libro y viene acompañado de un ejemplo de audio.

Las diferentes posiciones de una escala nos presentan digitaciones, patrones y formas únicas que podemos utilizar para hacer música ligeramente diferente con la misma serie de notas. He tratado de escribir cada línea resaltando las características más fuertes y más útiles de cada posición de escala particular.

Para aprender estas líneas, primero tócalas lentamente para tener una idea de cómo se relacionan con la forma de escala. ¡Si algo se siente innecesariamente difícil o poco natural, cámbialo! Incluso puede que quieras empezar por escuchar los ejemplos de audio y seleccionar tu línea favorita en cualquiera de las formas.

Una vez que te sientas cómodo tocando a través del lick, comienza a acelerarlo usando un metrónomo o una caja de ritmos hasta que puedas tocarlo junto con la *pista de acompañamiento 9 o 12.*

En lugar de aprender 5 licks en una forma, empieza por aprender un lick de cada forma y practica tocando cada lick a su vez sobre la pista de acompañamiento. Si *visualizas* cómo cada lick se *relaciona* con el acorde ancla, serás capaz de hacer esto mucho más rápido.

Toca primero el acorde ancla y *luego* aborda el lick para ayudar a desarrollar tu visión en la guitarra. Más adelante, cuando estés tocando estas ideas en diferentes tonalidades, ser capaz de ver tus licks alrededor de un acorde en particular en el diapasón será de gran ayuda para tu visión y fluidez.

Cualquiera que sea la forma que elijas para aprender estos licks, date cuenta de que a menudo hay un "concepto" detrás de cómo construyo cada línea. Puede ser un patrón, un salto de intervalo, un ritmo o una forma en la escala, pero si puedes *escuchar* o *ver* el concepto, estás mucho más cerca de ser capaz de improvisar sin depender de los licks en absoluto. Creo que este debería ser uno de nuestros objetivos a largo plazo si queremos ser verdaderamente espontáneos y expresivos en nuestro instrumento.

Licks con la escala de blues –Forma 1

A Blues Scale Shape 1

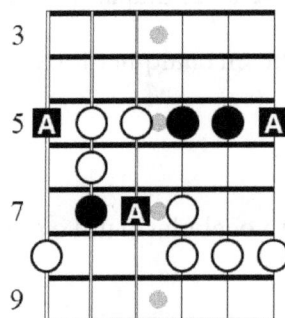

Figura y ejemplo de audio 4a.

Figura y ejemplo de audio 4b.

Figura y ejemplo de audio 4c.

Hold Bend

Figura y ejemplo de audio 4d.

Figura y ejemplo de audio 4e.

Licks con la escala de blues –Forma 2

A Blues Scale Shape 2

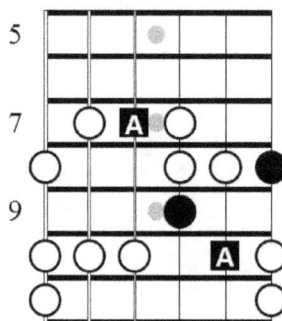

Figura y ejemplo de audio 5a.

Figura y ejemplo de audio 5b.

Figura y ejemplo de audio 5c.

Figura y ejemplo de audio 5d.

Figura y ejemplo de audio 5e.

(Position 1)

Licks con la escala de blues –Forma 3

A Blues Scale Shape 3

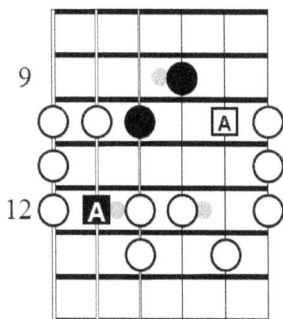

Figura y ejemplo de audio 6a.

Figura y ejemplo de audio 6b.

Figura y ejemplo de audio 6c.

Figura y ejemplo de audio 6d.

Figura y ejemplo de audio 6e.

Licks con la escala de blues –Forma 4

A Blues Scale Shape 4

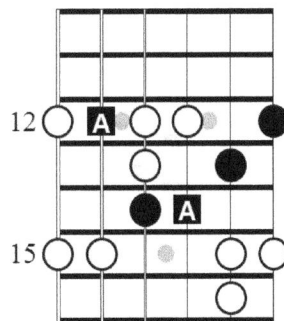

Figura y ejemplo de audio 7a.

Figura y ejemplo de audio 7b.

Figura y ejemplo de audio 7c.

Figura y ejemplo de audio 7d.

Figura y ejemplo de audio 7e.

Licks con la escala de blues –Forma 5

A Blues Scale Shape 5

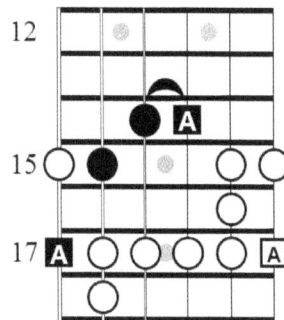

Figura y ejemplo de audio 8a.

Minor Pentatonic / Blues Scale Licks Shape 5

Figura y ejemplo de audio 8b.

Figura y ejemplo de audio 8c.

Figura y ejemplo de audio 8d.

Figura y ejemplo de audio 8e.

Incorporar los licks de forma natural en tu interpretación

Ahora que has comenzado a explorar las fortalezas y las ventajas de cada una de las 5 posiciones de la escala de blues, quizás te estés preguntando acerca de la mejor manera de llevar estos lick a tu interpretación sin que suenen forzados o artificiales.

Los estudiantes a menudo preguntan si un solo debería componerse de licks recitados de memoria, o simplemente de improvisación espontánea. Mi respuesta es que creo que la mayoría de los buenos solos son una combinación de ambos. Si volvemos a la analogía de aprender a hablar, nosotros "robamos" el vocabulario de nuestros padres y de las personas que nos rodean antes de hacerlo nuestro. Aprender el lenguaje de la música es algo muy parecido, y un paso importante es copiar a otros antes de convertir ese vocabulario en algo único de nosotros.

De hecho, descubrirás que esta es la manera *más rápida* de aprender a tocar y mejorar en la guitarra ... ¡No tiene sentido reinventar la rueda *todavía*!

El siguiente ejercicio te enseñará a incorporar cualquier línea que quieras en su estilo de interpretación natural. Con la *pista de acompañamiento 9* nos vamos a centrar en un sólo lick, volviéndolo parte de nuestro propio vocabulario mientras que también trabajamos en nuestras habilidades de improvisación espontánea.

Mira la siguiente línea tomada de la escala de blues en A, forma 1:

Figura y ejemplo de audio 9a.

La idea es utilizar el lick para "preparar" nuestra propia y única frase de respuesta. En otras palabras, ver el lick como una *pregunta* a la cual le darás una *respuesta*. Miles de solos de guitarra geniales están estructurados en un formato de pregunta/respuesta, ya que le da fuerza melódica a la música y el oyente se mantiene enganchado y a la expectativa.

Comienza por tocar el lick como está escrito en los primeros 2 compases... luego, toca lo que se te ocurra para formar una especie de frase de repuesta. Esta puede ser una tarea difícil al principio y que a la vez nos puede hacer tomar conciencia de nosotros mismos, pero confía en tus oídos y cíñete a ideas simples de la escala de blues y las respuestas comenzarán a aparecer.

A medida que desarrollas confianza con el ejercicio anterior trata de modificar la idea un poco. En lugar de utilizar el lick como una *pregunta,* úsalo como una *respuesta*. Tu tarea ahora es preparar el lick con tu propia improvisación en los primeros 2 compases. Esto se muestra a continuación:

Figura y ejemplo de audio 9b.

Esto es un poco más difícil ya que no tienes una frase inicial de "arranque", pero es un ejercicio fantástico para desarrollar la fuerza melódica de tus líneas improvisadas. Te ves obligado a tener el control de hacia dónde diriges la melodía en la preparación para una respuesta dada. Imagina que eres un comediante de improvisación con uno o dos chistes "planeados" en tu presentación. Tienes que dirigir de forma natural a la audiencia hacia el comienzo de cada chiste.

Por último, podemos combinar los dos enfoques anteriores en el siguiente ejercicio en el cual tú diriges hacia el lick *y* fuera de él:

Figura y ejemplo de audio 9c

Este es *el* ejercicio para ayudarle realmente a tus licks a sonar naturales y que no parezcan artificiales. Le estás apuntando a una transición muy fluida entre tu propia improvisación inicial, el lick y luego la frase de respuesta. Si realmente quieres desarrollar tus solos de guitarra rock, este ejercicio te dará algunos de los mayores beneficios.

5 centros tonales en una posición con la escala de blues

Los solos de guitarra rock suelen cambiar de tonalidades repentinamente. Al utilizar el sistema CAGED podemos realizar cambios de tonalidad (modulaciones) sumamente fluidos sin tener que saltar de una posición a otra. Esto también es lo que necesitas aprender para desarrollar la libertad para tocar con facilidad en cualquier tonalidad y cualquier posición en el diapasón. Estos conceptos son algunos de los más importantes de todo el libro.

Este capítulo te enseña cómo tocar todas las 5 formas de la escala de blues en una posición en el diapasón. Esto se logra tocando a través de 5 diferentes centros tonales: A, C, D, F y G. El concepto es "bloquear" la mano en el área de los trastes 5to – 8vo en la guitarra mientras tocamos cada nuevo centro tonal a su vez.

Lo primero que necesitamos saber es dónde están las *fundamentales* de cada una de las 5 tonalidades en esa posición. En el área de los trastes 5to – 8vo en la guitarra, las notas fundamentales de las tonalidades A, C, D, F y G se encuentran aquí:

ACDFG Root Notes

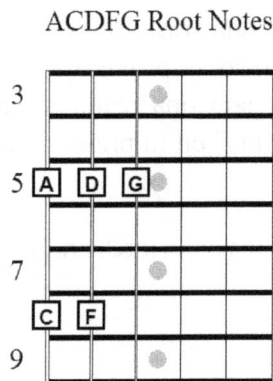

Puedes ver que la nota F se encuentra en la 5ta cuerda, 8vo traste, y G está en la 4ta cuerda, 5to traste.

El siguiente paso es sincronizar los acordes "ancla" (o simplemente las fundamentales) que aprendimos previamente, con cada fundamental de la nueva tonalidad en nuestra posición elegida. Así que en la posición del 5to al 8vo traste:

A menor se toca con la forma 1

C menor se toca con la forma 5

D menor se toca con la forma 4

F menor se toca con la forma 3

y G menor se toca con la forma 2.

A Minor Shape 1   C Minor Shape 5   D Minor Shape 4   F Minor Shape 3

G Minor Shape 2

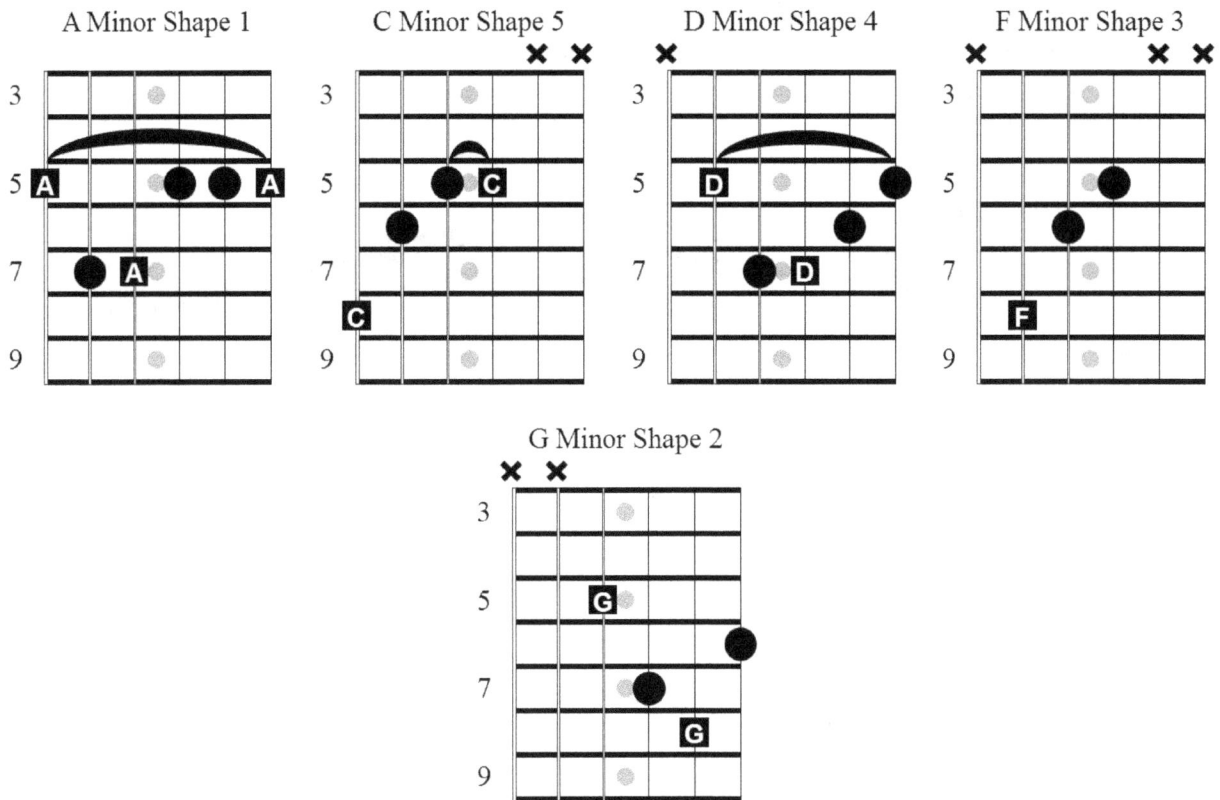

Trata de ver cómo la fundamental de cada acorde se correlaciona con las ubicaciones de las fundamentales en el primer diagrama en esta página.

Debido a que hemos pasado tiempo memorizando cada forma de escala alrededor de cada forma del acorde, es fácil ver cuál forma de escala corresponde a cada tonalidad en cualquier posición.

La siguiente serie de ejercicios te ayudará a cimentar no sólo la ubicación de los centros tonales, sino también tus relaciones acordes – escala.

Estos ejercicios pasan a través de los centros tonales A, C, D, F y G.

Comienza tocando a través de la escala de blues en A, empezando con el mismo acorde que antes:

Figura y audio ejemplo 10a.

A Minor Blues Scale Shape 1

Recuerda *decir* y tocar el acorde cada vez.

Ahora repite el proceso para las tonalidades restantes, C, D, F y G. De vez en cuando modifico la digitación de una escala para mayor facilidad y fluidez. Toca de la manera que te sientas cómodo.

Figura y ejemplo de audio 10b.

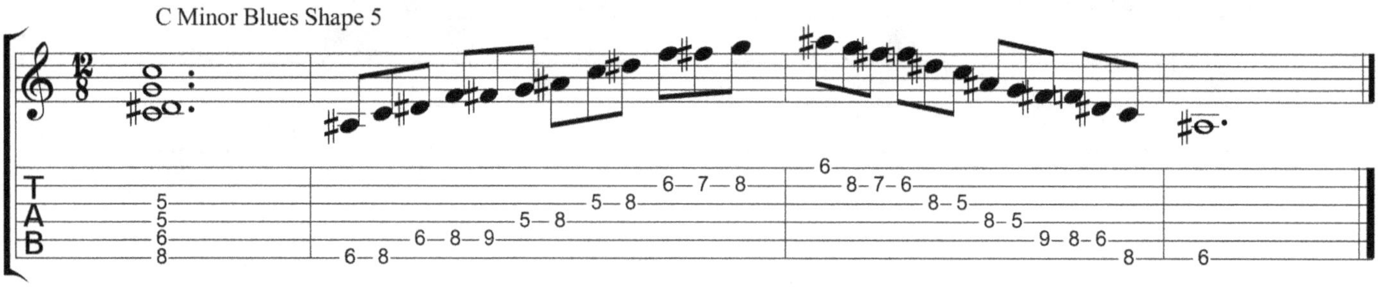

C Minor Blues Shape 5

Figura y ejemplo de audio 10c.

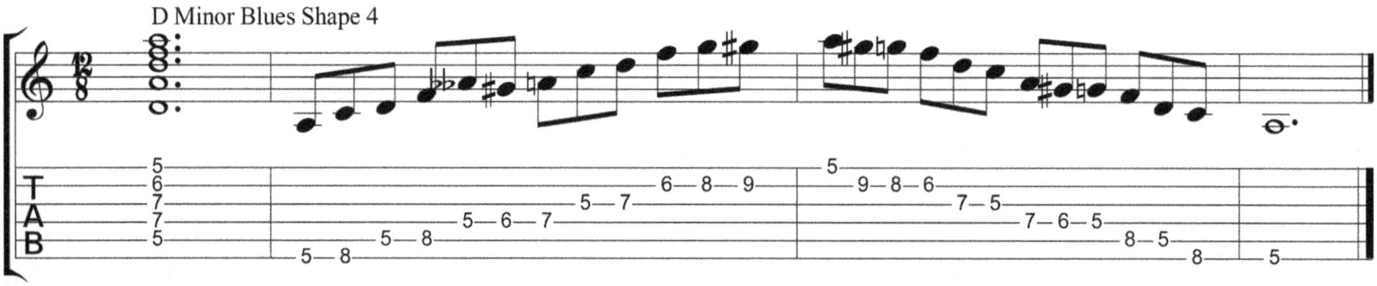

D Minor Blues Shape 4

Figura y ejemplo de audio 10d.

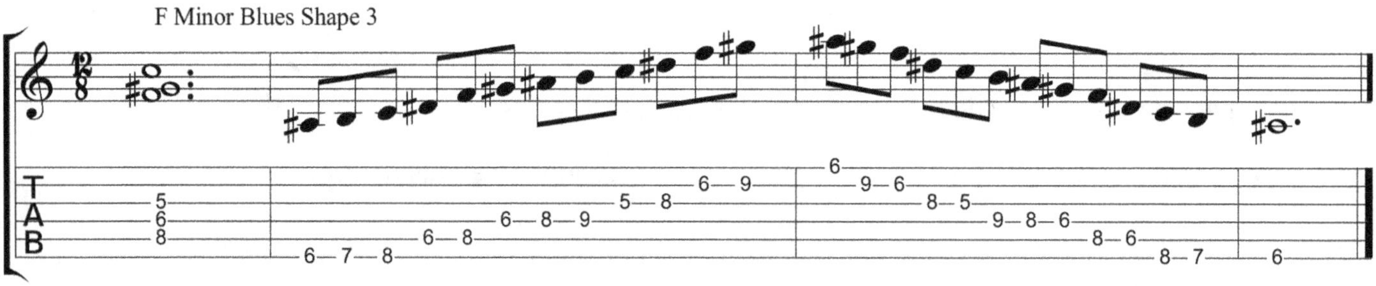

F Minor Blues Shape 3

Figura y ejemplo de audio 10e.

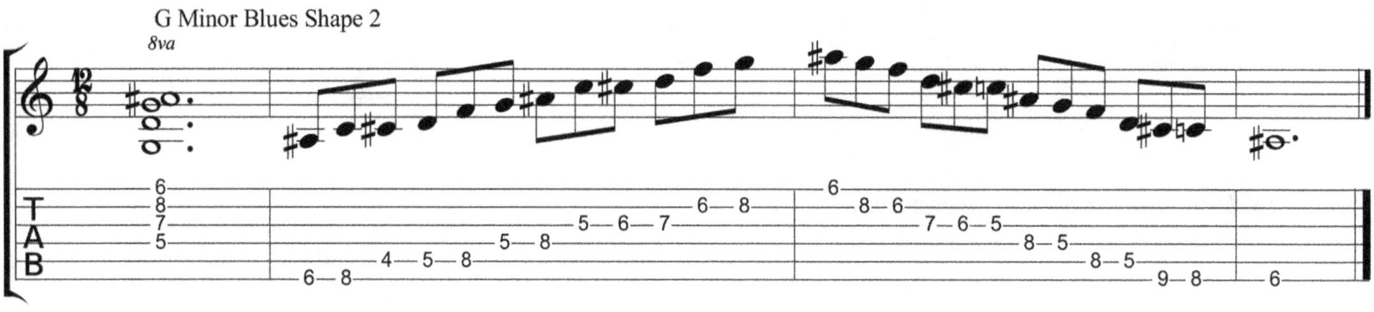

G Minor Blues Shape 2

Recuerda decir cada acorde en voz alta mientras lo tocas.

Los ejercicios anteriores te ayudarán a interiorizar las relaciones entre acorde y escala; sin embargo, el siguiente ejercicio realmente comenzará a presionarte mentalmente. La idea es ascender y descender cada escala a su vez pero sin espacios rítmicos. Esto elimina el "tiempo para pensar" y te obliga a visualizar cada escala mucho más rápidamente.

Figura y ejemplo de audio 10f.

5 Minor Blues Scales In 1 Position (No Gaps)
A Minor Blues Scale Shape 1

C Minor Blues Scale Shape 5

D Minor Blues Scale Shape 4

F Minor Blues Scale Shape 3

G Minor Blues Scale Shape 2

Este ejercicio normalmente tarda un poco más de tiempo para interiorizar, pero cuando lo tengas dominado serás capaz de tocar en cualquiera de las 5 tonalidades al instante en el área del 5to – 8vo traste.

Para reforzar aún más las formas y para ayudarte a ampliar este ejercicio de visualización, apréndelo con las formas de escala *descendiendo* como se muestra en la *figura y ejemplo de audio 10g.*

5 Minor Blues Scales In 1 Position Descending

A Minor Blues Scale Shape 1

C Minor Blues Scale Shape 5

D Minor Blues Scale Shape 4

F Minor Blues Scale Shape 3

G Minor Blues Scale Shape 2

Por último, asciende en una forma y luego desciende en la siguiente. Por ejemplo, *sube* por la escala de blues en A, pero *baja* por la escala de blues en C. Te llevará 10 ciclos para volver al comienzo como se muestra en la *figura y ejemplo de audio10h*.

5 Minor Blues Scales In 1 Position Ascend One. Descend The Next

Estas ideas de cambio de tonalidad son extremadamente poderosas cuando se trata de visualizar y desbloquear el diapasón; sin embargo, no es necesariamente la aplicación más musical del concepto. Nuestro ejercicio final viaja a través de los 5 centros tonales, pero esta vez, en lugar de tocar la escala correspondiente, vas a tocar un lick que se basa en cada forma de escala a su vez: uno para A, uno para C, uno para D, etc.

Empieza por aprender este ejercicio con los licks que he escrito ya que son más cortos y te dejan un tiempo para pensar en los cambios de tonalidad. Cuando puedas tocar a través de él con comodidad, practícalo sobre la *pista de acompañamiento 1. Figura y ejemplo de audio 10i.*

ACDFG Exercise With Licks
A Minor Lick (Shape 1)

C Minor Lick (Shape 5)

D Minor Lick (Shape 4)

F Minor Lick (Shape 3)

G Minor Lick (Shape 2)

Te sugiero que luego vuelvas a intentar el mismo ejercicio con diferentes líneas: elige un nuevo lick que ya hayas memorizado de cada forma y que te resulte fácil de tocar. Repite el ejercicio anterior con estos nuevos licks y visualízalos en torno a cada acorde ancla mientras los tocas.

Por último, trata de *improvisar libremente* sobre la misma pista de acompañamiento, creando licks espontáneamente y cambiando de escala con la pista de acompañamiento cada 2 compases. Este es un uso divertido, desafiante y gratificante de tu tiempo de práctica.

Desbloqueando todo el diapasón

Los ejercicios del capítulo anterior son muy exigentes para la mayoría de la gente, pero ahora deberías estar empezando a ver con claridad cada escala de blues en torno a su forma de acorde asociado. Esta visualización de acorde a escala es esencial para desbloquear el diapasón, como verás en este capítulo.

Hasta ahora nos hemos centrado exclusivamente en tocar a través de 5 centros tonales en rango del 5to al 8vo traste. Ahora vamos a aprender a tocar a través de los mismos centros tonales en cualquier parte del diapasón.

Para los propósitos de este libro, vamos a dividir el diapasón en 5 regiones diferentes.

Del 5to al 8vo traste,
del 7mo al 10mo traste,
del 10mo al 13vo traste,
del 12vo al 15vo traste, y
del 3ro al 5to (o del 15vo al 17vo) traste.

Si tenemos claro dónde están las fundamentales de los 5 centros tonales, A, C, D, F y G, en cada una de estas posiciones, es fácil visualizar el acorde ancla en la ubicación correcta y tener acceso inmediato a la forma de escala.

Por ejemplo, aquí están las ubicaciones de las fundamentales para la posición del 7mo al 10mo traste:

7th-10th Fret Roots

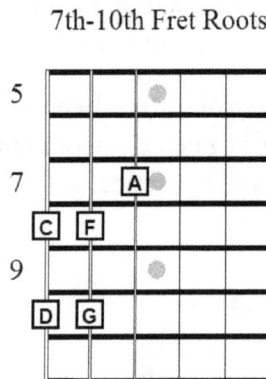

Si tu mano del diapasón estuviera ubicada en el área de los trastes 7mo al 10mo y estuvieras en la tonalidad de F, visualizarías el acorde menor en la forma 4 en la nota "F" (8vo traste, 5ta cuerda) y luego verías de inmediato la escala de blues construida alrededor del acorde como lo practicaste en el capítulo anterior.

F Minor Shape 4   F Blues Shape 4

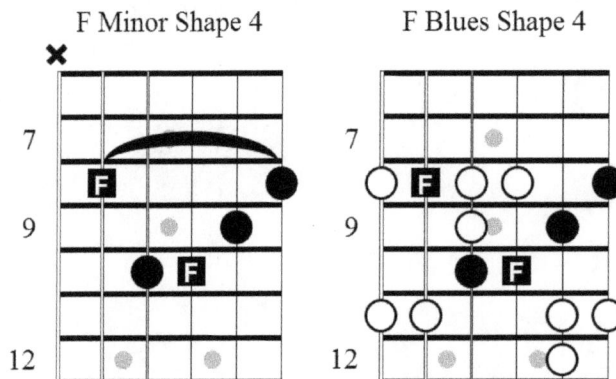

Si estuvieras tocando en la tonalidad de A en esta posición, visualizarías el acorde de la forma 2.

¿Cuáles formas visualizarías para las tonalidades de D y G en el área de los trastes 7mo al 10mo?

Usando acordes ancla de esta manera tenemos acceso instantáneo a las escalas y licks que hemos memorizado en torno a las formas de acordes CAGED. Siempre que sepamos dónde están las fundamentales de nuestros centros tonales en el diapasón, podemos tocar fácilmente nuestras líneas en cualquier tonalidad.

Para tu referencia, aquí están las ubicaciones de las fundamentales en cada posición para los centros tonales A, C, D, F y G.

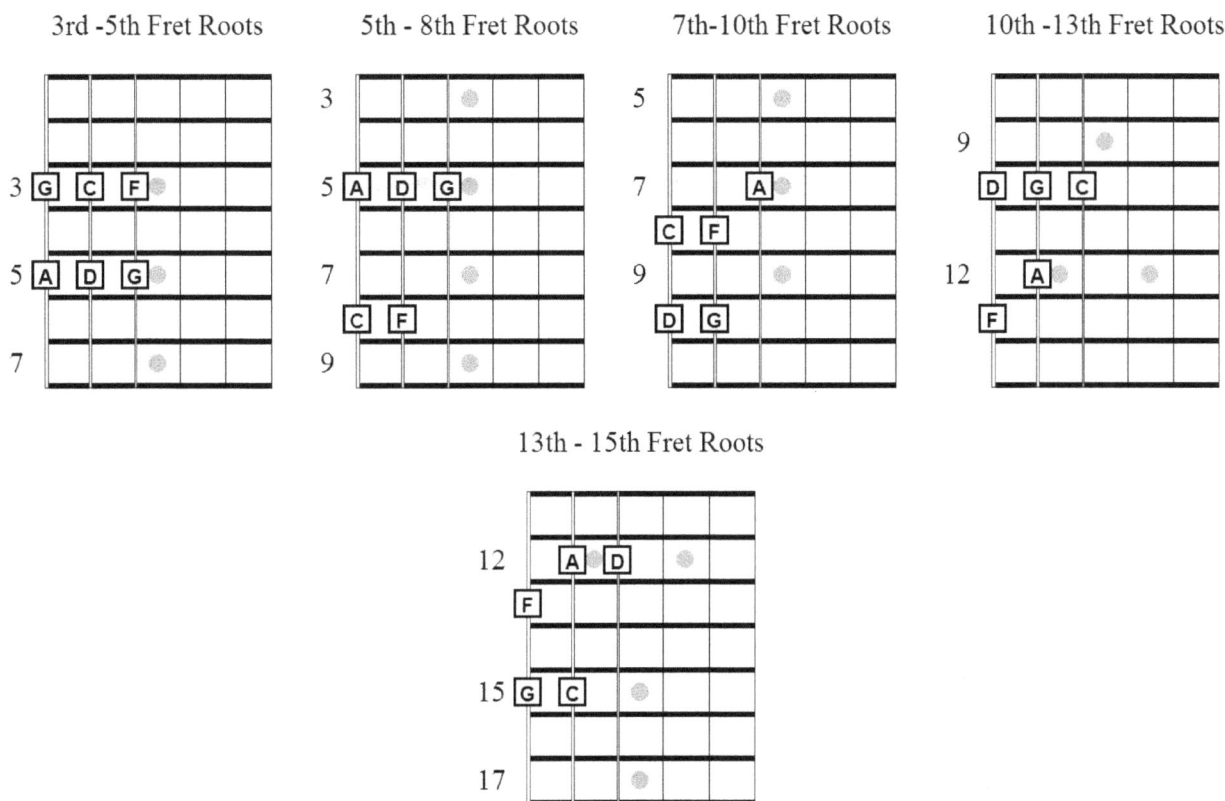

3rd -5th Fret Roots	5th - 8th Fret Roots	7th-10th Fret Roots	10th -13th Fret Roots

13th - 15th Fret Roots

Evalúate:

Si estuvieras tocando en el área de los trastes 12vo al 15vo y estuvieras en la tonalidad de C, ¿cuál forma de acorde visualizarías para construir tu escala de blues y los licks asociados?

En el área de los trastes 3ro al 5to, ¿cómo localizarías las notas de la escala de blues en F?

¿Alrededor de cuál forma de acorde construirías tu escala para tocar en la tonalidad de C en el 10mo traste?

Si tocaras un lick basado en la forma 3 en el 10mo traste, ¿en cuál tonalidad estarías tocando?

(Las respuestas están en el pie de página)[1]

_____

[1] 1) 3. 2) Visualiza un acorde menor en la forma 2 en el 3er traste. 3) Forma 2. 4) G.

En esta etapa, la cantidad de información mostrada puede parecer desalentadora; sin embargo, en realidad no lo es. Todo lo que tienes que hacer es aprender dónde están las fundamentales en el diapasón, e instantáneamente serás capaz de superponer una forma de acorde y tener acceso a las escalas y licks que aprendiste en el capítulo anterior.

Trata de tocar el ejercicio ACDFG en la posición del 7mo al 10mo traste para cimentar esta información. Cuando aprendí esto, siempre tuve problemas con cualquier tonalidad ubicada en la 4ta cuerda (forma 2). Esto me dio ánimo para aprender las notas en el diapasón *mucho* más a fondo. Ahora es una de mis formas favoritas en la cual tocar los solos.

Este es el ejercicio ACDFG escrito entre los trastes 7mo al 10mo.

Figura y ejemplo de audio 11a.

G Minor Blues Scale Shape 3

Recuerda tocar y decir cada acorde antes de tocar la forma de escala asociada. Cuando hayas desarrollado confianza con esto, omite el acorde y toca todos los ejercicios del capítulo anterior.

Asciende y desciende cada forma a su vez.

Desciende y luego asciende.

Asciende en una forma y desciende en la siguiente (por ejemplo, asciende por A blues y luego desciende por C blues, etc.)

Toca licks de cada forma a su vez, en lugar de utilizar las escalas.

Cuando hayas completado estos ejercicios en la región del 7mo al 10mo traste, sigue con la práctica de los 4 ejercicios en cada una de las posiciones restantes en el diapasón: *10 a 13, 12 a 15* y *3 a 5*.

Sugerencias para la práctica

Como mínimo, practica ascendiendo y descendiendo cada escala a su vez para las 5 posiciones todos los días. Muy pronto esto va a empezar a tomar menos de 10 minutos de tu rutina de práctica y desarrollarás una enorme libertad para tocar en cualquier lugar de la guitarra.

Mezcla un poco: el día 1 practica ascender y descender, el día 2 desciende y luego asciende. El día 3 podrías utilizar licks en lugar de escalas y el día 4 podrías ascender una forma y descender la siguiente.

Sigue trabajando en los licks e incorporándolos lentamente a tu vocabulario. Asegúrate de visualizar cada lick que comienza en, o alrededor de, una de las notas de cada acorde ancla.

El modo eólico

El modo eólico es uno de los 7 modos de la escala mayor, también conocido como la *escala menor natural*. Si estás interesado en la teoría detrás de esta escala, quizás quieras echar un vistazo a otro de mis libros, la ***Guía práctica de la teoría musical moderna para guitarristas***. Se trata de un estudio en profundidad sobre la teoría, la armonía y los solos de los modos mayores, y está disponible en edición de bolsillo y para tu tableta o PC.

El eólico es un modo *menor* que tiene una sensación de sonido oscuro. Es utilizado por todo el mundo desde Dylan hasta Metallica. Algunas composiciones destacables que utilizan progresiones de acordes del modo eólico son:

Still Got the Blues – Gary Moore

Europa – Carlos Santana

All Along the Watchtower – Bob Dylan

Fear of the Dark – Iron Maiden

Si estás leyendo en una tableta o PC, puedes hacer clic en los enlaces para escuchar las canciones en YouTube.

El sonido oscuro y formidable del modo eólico no sólo se presta para los agitados solos del heavy metal; también es una gran opción de escala sobre un *blues menor* del tipo que tocaría Gary Moore.

La primera forma de escala de la escala eólica en A se ve y suena como la *figura y ejemplo de audio12a*.

A Aeolian Shape 1

Si nunca has tocado a esta escala antes, pasa un tiempo conociendo su carácter tocándola sobre la pista de acompañamiento eólica lenta (*pista de acompañamiento 9*). Es de vital importancia que tengas el sonido de la escala en tus oídos en una posición antes de usarla con el sistema CAGED en otras posiciones. Es posible que quieras avanzar unas páginas para aprender unos cuantos licks eólicos en la forma 1 de un capítulo posterior.

Aquí hay algunas otras progresiones de acordes comunes que podrían formarse a partir del modo eólico en A. (Estos son tomados del libro *Teoría de música moderna*, referenciado anteriormente).

El sistema CAGED con el modo eólico

Ahora que has pasado algún tiempo tocando con el modo eólico en la misma posición, es momento de extender la escala a las otras áreas del diapasón como lo hicimos con la escala de blues. En primer lugar, aprende los 5 acordes ancla alrededor de los cuales vamos a visualizar las formas de escala eólicas:

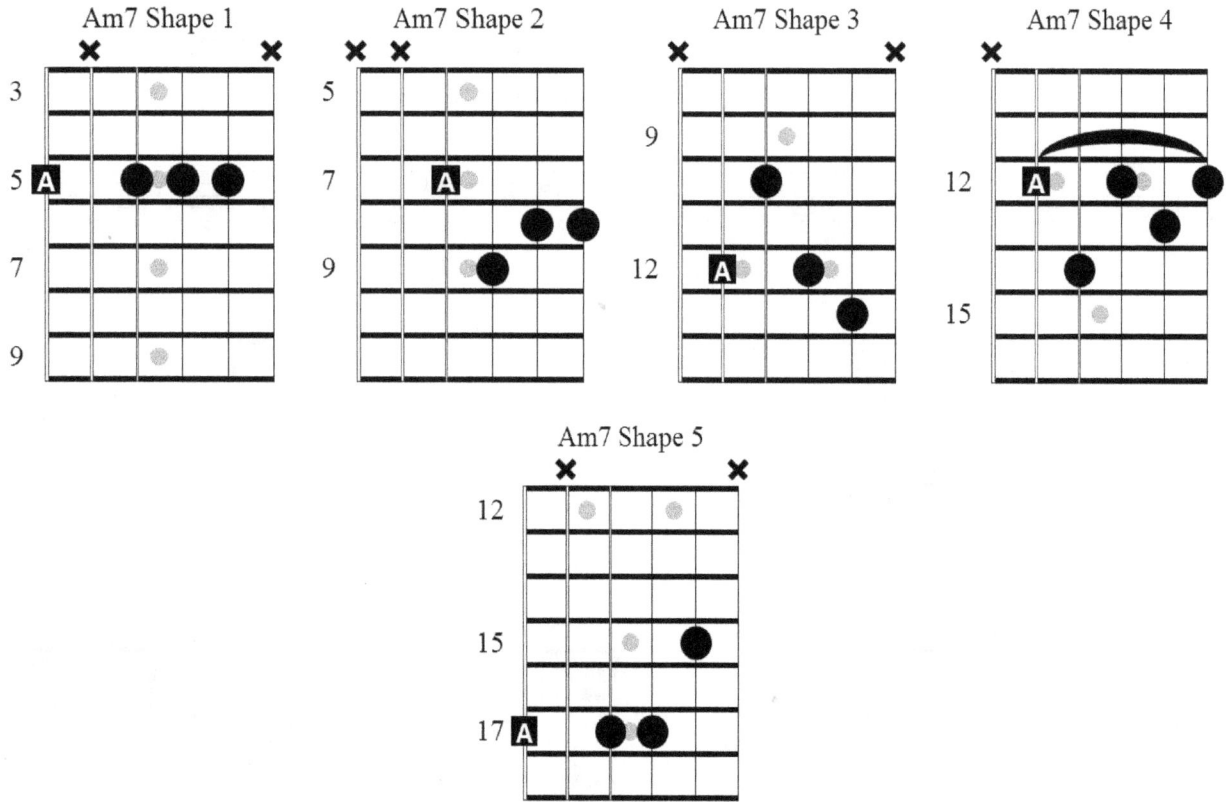

Mientras que los acordes menores simples (no de 7ma menor) funcionarían igualmente bien para el modo eólico, es necesario diferenciar entre el acorde ancla para la escala de blues y el del modo eólico.

Empieza por aprender los acordes y luego toca el ejercicio de la *figura y ejemplo de audio 12b*.

Ponte a prueba saltando entre las formas como se muestra en la *figura y ejemplo de audio 12c*. A medida que tocas cada forma, recuerda decir su nombre y posición en voz alta, por ejemplo, "A menor 7ma forma 1."

Cuando hayas memorizado los 5 acordes ancla, será el momento de construir cada posición del modo eólico alrededor de cada uno.

Figura y ejemplo de audio 12d.

Figura y ejemplo de audio 12e.

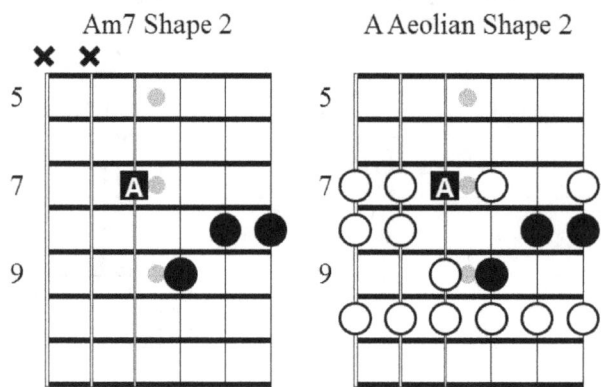

Am7 Shape 2   A Aeolian Shape 2

A Aeolian Shape 2

```
T|--8---------------------------------------------7-8-----10-8-7------------------------|
 |--8---------------------------------------8-10-------------10-8-----------------------|
A|--9------------------------7-9-10----------------------------10-9-7-------------------|
 |--7----------------7-9-10-----------------------------------------10-9-7--------------|
B|-------------7-8-10--------------------------------------------------10-8-7-----------|
 |---7-8-10----------------------------------------------------------------10-8---7-----|
```

Figura y ejemplo de audio 12f.

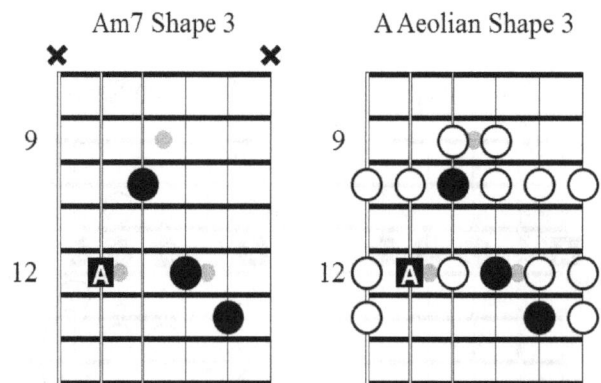

Am7 Shape 3   A Aeolian Shape 3

A Aeolian Shape 3

```
T|--13--------------------------------------------10-12-----13-12-10---------------------|
 |--12-------------------------------------10-12-13-----------13-12-10--------------------|
A|--10------------------------9-10-12------------------------------12-10-9----------------|
 |--12----------------9-10-12----------------------------------------12-10-9--------------|
B|--------------10-12-------------------------------------------------------12-10-8-------|
 |---10-12-13-------------------------------------------------------------------12---10---|
```

44

Figura y ejemplo de audio 12g.

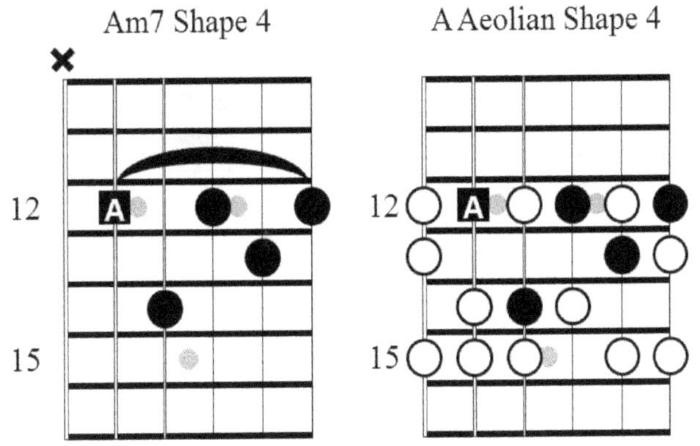

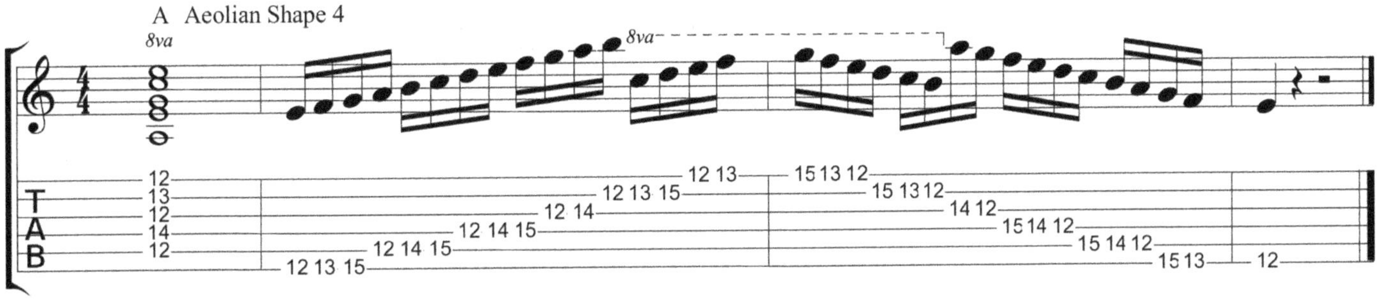

Am7 Shape 4   A Aeolian Shape 4

A Aeolian Shape 4

Figura y ejemplo de audio 12h.

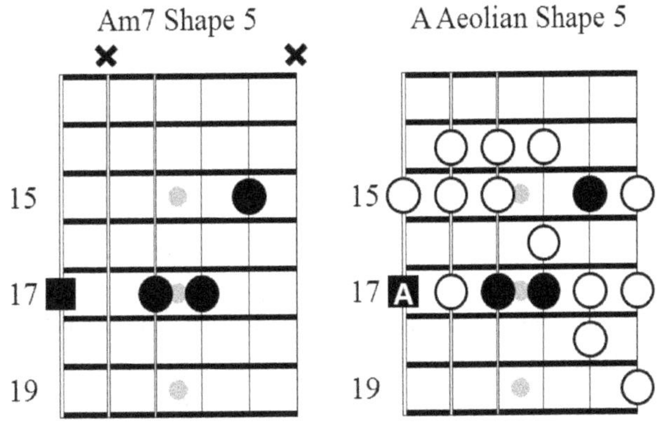

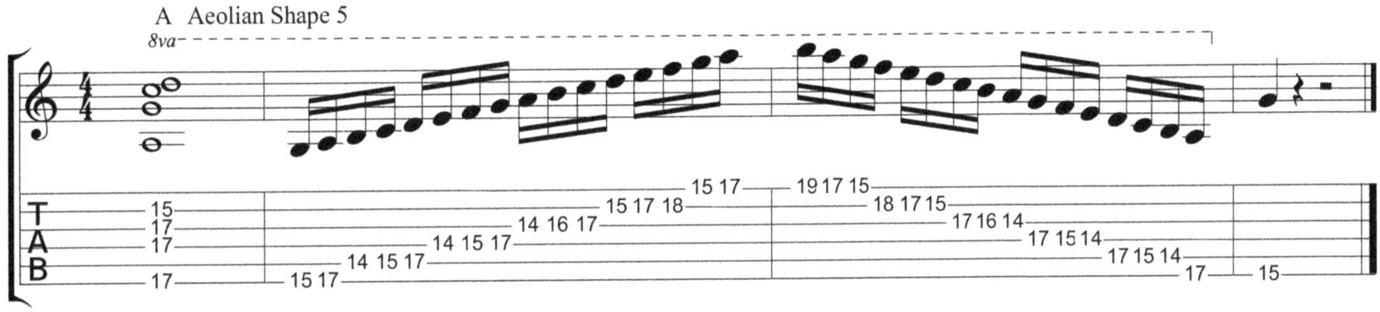

Am7 Shape 5   A Aeolian Shape 5

A Aeolian Shape 5

Tal como lo hiciste con la escala de blues, vincula las formas verticalmente a lo largo del diapasón en el siguiente ejercicio:

Figura y ejemplo de audio 12i.

A Aeolian Ascending The Neck

A Aeolian Shape 1 — A Aeolian Shape 2 — A Aeolian Shape 3 — A Aeolian Shape 4 — A Aeolian Shape 5

Un súper ejercicio para practicar consiste en dejar que los dedos den un paseo por el diapasón y ver cuántas maneras diferentes puedes encontrar para cambiar de posición entre 2 posiciones de escala cualquiera del modo eólico. Encuentra las conexiones en todas las 6 cuerdas y esto realmente va a ayudarte a desbloquear el diapasón. Pruébalo también en diferentes tonalidades.

Licks de rock con el modo eólico en 5 posiciones

A medida que comiences empezar a entender estas formas, será el momento de comenzar a aprender el vocabulario basado en cada posición.

Los siguientes capítulos contienen 25 licks eólicos, 5 por cada forma de escala. Escucha los ejemplos de audio primero y dedica tiempo a aprender sólo tu lick preferido de cada forma. Es mejor tener un lick en cada posición que cinco licks en una posición. Una vez más, la idea es unir cada lick al acorde ancla que aprendiste en el capítulo anterior; todo lo que tienes que visualizar es la primera nota del lick superpuesto sobre el acorde ancla, y siempre sabrás dónde empezar ese lick sin importar la tonalidad en que estés tocando.

Prueba tocando el acorde ancla y luego el lick que estás aprendiendo para solidificar esta relación.

Una cosa muy importante a tener en cuenta es que el modo eólico se combina a menudo libremente con la escala menor pentatónica/blues. Esto añade otro nivel de profundidad a su rango de tonos y hace que suene un poco más a rock. Los siguientes 25 licks reflejan esto y algunos de ellos incluyen notas de la escala de blues.

Licks eólicos -Forma 1

A Aeolian Shape 1

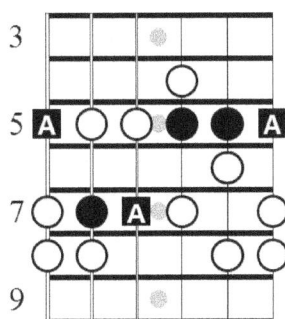

Figura y ejemplo de audio 13a.

Figura y ejemplo de audio 13b.

Figura y ejemplo de audio 13c.

Figura y ejemplo de audio 13d.

Figura y ejemplo de audio 13e.

Licks eólicos -Forma 2

A Aeolian Shape 2

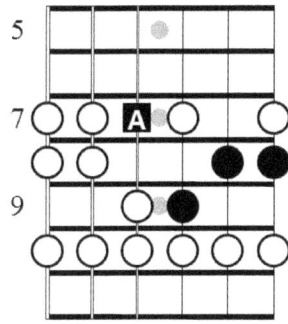

Figura y ejemplo de audio 14a.

Figura y ejemplo de audio 14b.

Figura y ejemplo de audio 14c.

Figura y ejemplo de audio 14d.

Figura y ejemplo de audio 14e.

Licks eólicos -Forma 3

A Aeolian Shape 3

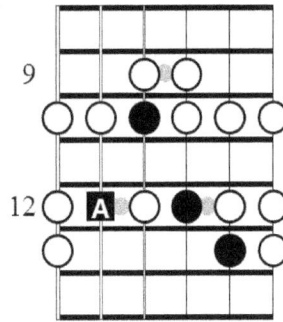

Figura y ejemplo de audio 15a.

Figura y ejemplo de audio 15b.

Figura y ejemplo de audio 15c.

Figura y ejemplo de audio 15d.

Figura y ejemplo de audio 15e.

Licks eólicos -Forma 4

A Aeolian Shape 4

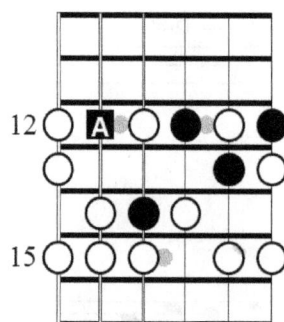

Figura y ejemplo de audio 16a.

Figura y ejemplo de audio 16b.

Figura y ejemplo de audio 16c.

Figura y ejemplo de audio 16d.

Figura y ejemplo de audio 16e.

Licks eólicos -Forma 5

A Aeolian Shape 5

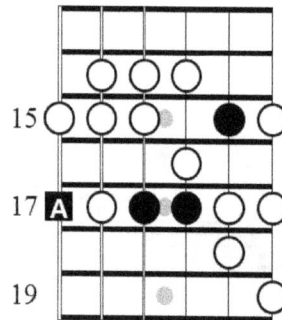

Figura y ejemplo de audio 17a.

Figura y ejemplo de audio 17b.

Figura y ejemplo de audio 17c.

Figura y ejemplo de audio 17d.

Figura y ejemplo de audio 17e.

Al igual que con los licks de blues, primero enfócate en dominar un lick de cada forma para desbloquear el diapasón y en aprender los licks que más te gustan de manera prioritaria. Si quieres modificar cualquiera de ellos, puedes hacerlo.

Revisa el capítulo "Incorporar los licks de forma natural en tu interpretación" para asegurarte de que estás haciendo que las líneas suenen orgánicas y fluidas.

5 centros tonales en una posición con el eólico

Para poder ver el modo eólico en cualquier tonalidad en cualquier posición en la guitarra, es esencial practicar el ejercicio ACDFG en todas las posiciones. El concepto es idéntico al que descubrimos previamente con la escala de blues, así que si tienes dificultades con las siguientes páginas, vuelve atrás y estudia las ideas que tratamos en la sección "5 centros tonales en una posición" en el capítulo de la escala de blues.

Una vez más, vamos a comenzar en la región del 5to al 8vo traste y tocando a través de los centros tonales A, C, D, F y G, esta vez con el modo eólico. Como siempre, comienza visualizando el acorde ancla antes de tocar cada forma de escala. Asegúrate de que los puntos cuadrados en los gráficos de escala correspondan a las fundamentales correctas en el diapasón.

Puede ser de ayuda decir y tocar el acorde ancla adecuado antes de cada escala.

Figura y ejemplo de audio 18a.

G Aeolian Shape 2

Cuando conozcas mejor ese ejercicio, inténtalo descendiendo desde la nota más alta de cada forma (ejercicio no mostrado). Toca estos ejercicios sobre la *pista de acompañamiento 3* y, finalmente, practica ascendiendo una forma y descendiendo la siguiente como en la *figura y ejemplo de audio 18b*. (*Pista de acompañamiento 4.*)

A Aeolian Shape 1

C Aeolian Shape 5

D Aeolian Shape 4

F Aeolian Shape 3

C Aeolian Shape 5

D Aeolian Shape 4

F Aeolian Shape 3

G Aeolian Shape 2

Ahora, en lugar de escalas, escoge un lick en cada forma y toca a través de los centros tonales A, C, D, F y G sobre la pista de acompañamiento. Asegúrate de cambiar de tonalidad/forma/lick al tiempo con los cambios en la *pista de acompañamiento 3*.

Por último, al igual que hiciste con la escala de blues, transfiere estos ejercicios a las 4 posiciones restantes. Siempre visualiza los acordes ancla para ayudarte a ver cuál forma de escala necesitas estar tocando en cada posición para estar en la tonalidad correcta. Es mucho trabajo, pero vuelve a practicarlo todos los días y pronto se alojará por sí mismo en tu mente inconsciente.

El modo mixolidio

Otro de los modos más comunes de la escala mayor es el mixolidio. Es el quinto modo de la escala mayor y tiene un sonido de blues alegre. A menudo se utiliza junto con la escala de blues para "levantar" el ánimo de los solos de blues. Se puede encontrar ampliamente en los solos de intérpretes como Stevie Ray Vaughan, Jimi Hendrix, Joe Satriani, y casi cualquier otro "icono" de guitarra rock que menciones.

Algunas canciones muy conocidas están escritas utilizando la tonalidad mixolidia, por ejemplo:

Sweet Child of Mine – Guns n' Roses

Sweet Home Alabama – Lynyrd Skynyrd

Ramblin' Man – The Allman Brothers Band

Summer Song – Joe Satriani

Freeway Jam – Jeff Beck

En la primera posición, el mixolidio se puede tocar de esta manera:

Figura y ejemplo de audio 19a.

A Mixolydian Shape 1

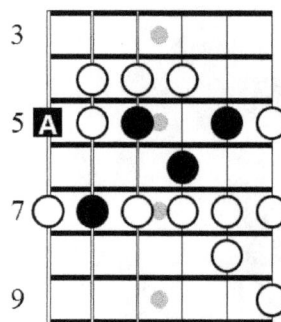

A Mixolydian Shape 1

Dedica un tiempo a aprender la forma 1 a fondo y a empezar a entender su carácter único sobre la pista de acompañamiento mixolidia (*pista de acompañamiento 11*). Como siempre, es importante tener una *sensación* del carácter de un modo antes de continuar con su aplicación en todas las posiciones. Si eres nuevo en el mixolidio, aprende unos cuantos licks en la forma 1 del capítulo posterior para ayudarte a entender su sonido. Trata de combinarlo con la escala de blues para un enfoque más auténtico.

Cuando estamos tocando un solo con el modo mixolidio, el acorde más adecuado para visualizar es uno de *7ma dominante* o *acorde "7"*, ya que es una descripción armónica exacta de la escala.

El sistema CAGED con el modo mixolidio

Lo mejor es visualizar el modo mixolidio alrededor de formas de acordes de 7ma dominante, es decir, A7, C7, D7, etc. Aquí están las 5 posiciones de A7 que tienes que saber:

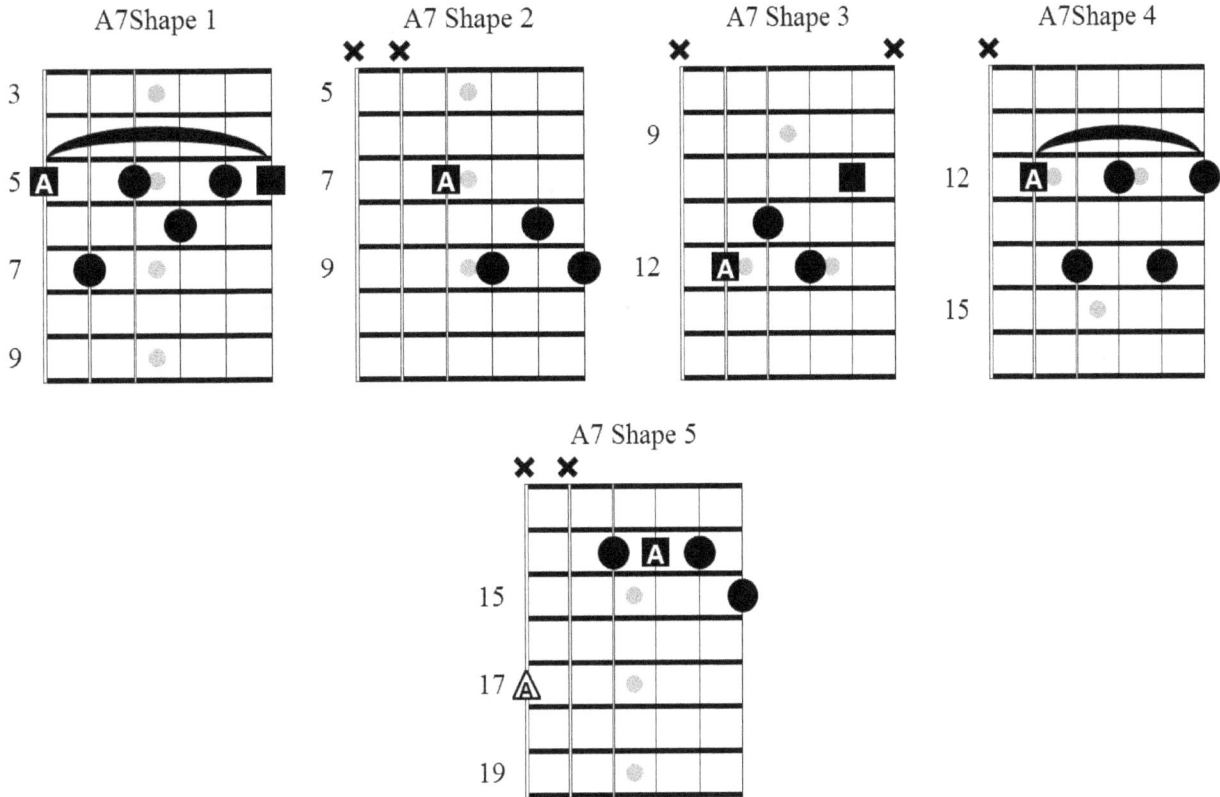

Con la forma 5, solamente toca las notas de las 4 cuerdas superiores. Sólo visualiza las notas graves.

Aprende estas posiciones de acordes en el diapasón tocándolos en secuencia.

Figura y ejemplo de audio 19b.

También toca a través de las formas de acordes como se muestra en el ejercicio de "saltar posiciones" mostrado en los capítulos anteriores, por ejemplo, forma 1 - 3 - 2 - 4, etc.

Como te darás cuenta, las formas para el modo mixolidio son las mismas que las del modo eólico. Esto intensifica la necesidad de organizar tu pensamiento modal en torno a acordes ancla únicos y específicos.

Pasa tiempo memorizando cada posición del modo mixolidio alrededor de los cinco acordes ancla de A7.

Figura y ejemplo de audio 19c.

A7Shape 1   A Mixolydian Shape 1

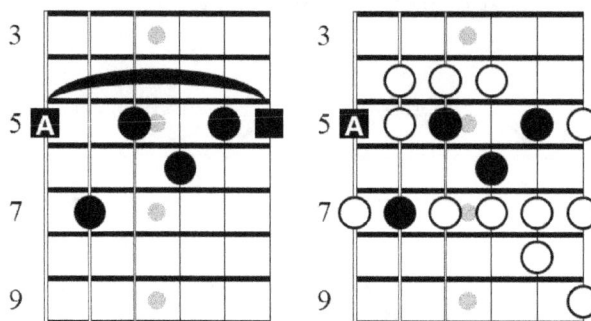

A Mixolydian Shape 1

```
T   5----------------------------------5-7----9-7-5---------------------
A   5-------------------------5-7-8--------------8-7-5-------------------
B   6----------------4-6-7-------------------------7-6-4----------------
    5----------4-5-7-----------------------------------7-5-4------------
    7----4-5-7-------------------------------------------7-5-4----------
    5-5-7------------------------------------------------------7---5----
```

Figura y ejemplo de audio 19d.

A7 Shape 2   A Mixolydian Shape 2

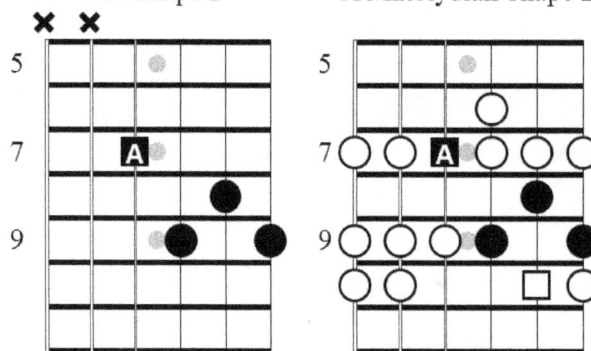

A Mixolydian Shape 2
8va

```
T   9--------------------------------------7-9----10-9-7-------------------
A   8-----------------------------7-8-10---------10-8-7--------------------
B   9-----------------------6-7-9--------------------9-7-6------------------
    7--------------7-9-----------------------------------9-7---------------
    7-9-10----7-9-10------------------------------------10-9-7------------
    7-9-10-------------------------------------------------10-9----7------
```

62

Figura y ejemplo de audio 19e.

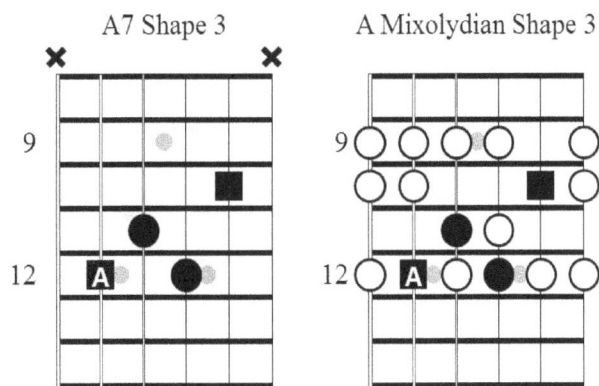

A7 Shape 3   A Mixolydian Shape 3

A Mixolydian Shape 3

Figura y ejemplo de audio 19f.

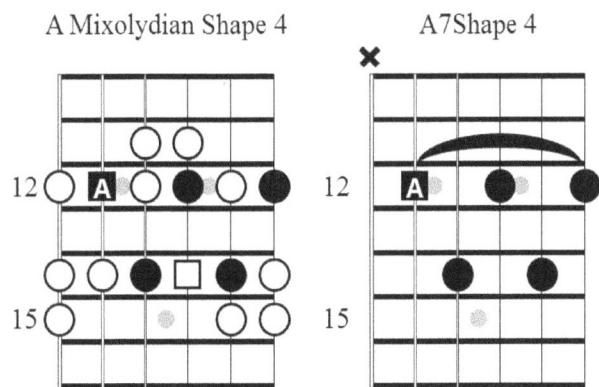

A Mixolydian Shape 4   A7 Shape 4

A Mixolydian Shape 4

Figura y ejemplo de audio 19g.

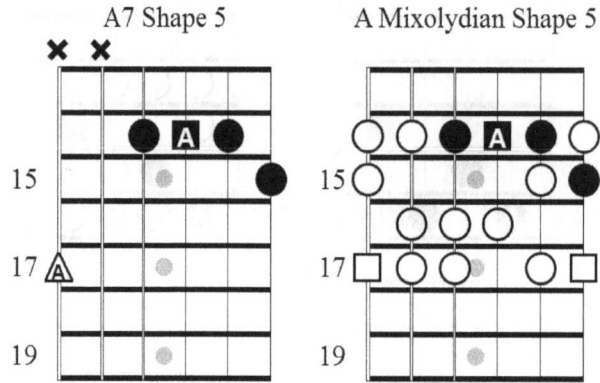

A7 Shape 5   A Mixolydian Shape 5

15   15

17   17

19   19

(Sólo toca el acorde en las 4 cuerdas superiores, simplemente visualiza las notas graves).

A Mixolydian Shape 5

```
T 15                                          14 15    17 15 14
A 14                            14 15 17      17 15 14
  14                    14 16                 16 14
  14            14 16 17                      17 16 14
B         14 16 17                            17 16 14
    14 15 17                                        17 15    14
```

Por último, antes de seguir adelante, vincula todas las formas ascendiendo por el diapasón como se muestra en la *figura y ejemplo de audio 19h.*

A Mixolydian Shape 1   A Mixolydian Shape 2

```
T                              5—7    9—10—9—7
A                    5—7—8           10—8—7
              4—6—7                         9—7—6
         4—5—7                                   9—7
B    4—5—7                                            10—9—7
  5—7                                                      10
```

A Mixolydian Shape 3

A Mixolydian Shape 4

A Mixolydian Shape 5

Licks de rock con el modo mixolidio en 5 posiciones

Los siguientes 25 licks tienen el mismo formato que en las secciones anteriores. El modo mixolidio se combina libremente con la escala de blues para generar un ambiente más de rock más pesado. Escucha los ejemplos de audio primero y elige tu lick favorito en cada posición para empezar. Una vez más, los licks están diseñados para resaltar los puntos fuertes de cada forma individual, así que trata de entender la idea detrás del lick, y no solamente el lick.

Como siempre, memoriza cada lick mientras visualizas la forma del acorde asociado. Si puedes recordar dónde comienza cada lick en relación con cada acorde, habrás avanzado más de la mitad del camino.

Licks mixolidios -Forma 1

A Mixolydian Shape 1

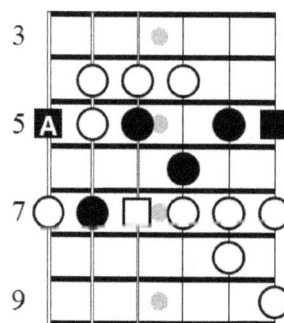

Figura y ejemplo de audio 20a.

Figura y ejemplo de audio 20b.

Figura y ejemplo de audio 20c.

Figura y ejemplo de audio 20d.

Figura y ejemplo de audio 20e.

Licks mixolidios -Forma 2

A Mixolydian Shape 2

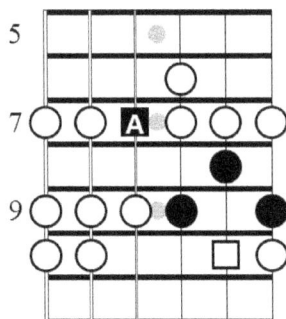

Figura y ejemplo de audio 21a.

Figura y ejemplo de audio 21b.

Figura y ejemplo de audio 21c.

Figura y ejemplo de audio 21d.

Figura y ejemplo de audio 21e.

Licks mixolidios -Forma 3

A Mixolydian Shape 3

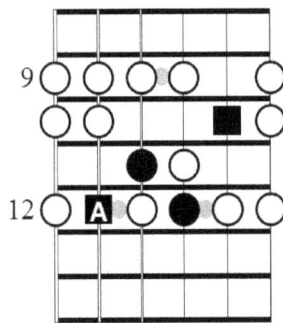

Figura y ejemplo de audio 22a.

Figura y ejemplo de audio 22b.

Figura y ejemplo de audio 22c.

Figura y ejemplo de audio 22d.

Figura y ejemplo de audio 22e.

Licks mixolidios -Forma 4

A Mixolydian Shape 4

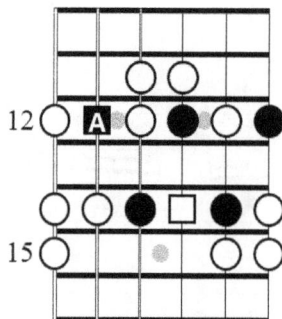

Figura y ejemplo de audio 23a.

Figura y ejemplo de audio 23b.

Figura y ejemplo de audio 23c.

Figura y ejemplo de audio 23d.

Figura y ejemplo de audio 23e.

Licks mixolidios -Forma 5

A Mixolydian Shape 5

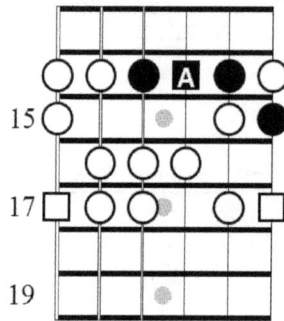

Figura y ejemplo de audio 24a.

Figura y ejemplo de audio 24b.

Figura y ejemplo de audio 24c.

Figura y ejemplo de audio 24d.

Figura y ejemplo de audio 24e.

5 centros tonales en una posición con el mixolidio

Volviendo al proceso esencial de la interiorización de estas 5 formas para que estén disponibles para ti en cualquier tonalidad y cualquier posición, ahora vamos a mirar el ejercicio ACDFG con el modo mixolidio. Recapitulando, siempre que sepas dónde se encuentra la fundamental de una escala en el diapasón, puedes mover el acorde ancla de una escala a esa ubicación y ver fácilmente la escala construida alrededor del acorde.

Ya sabemos la ubicación de las notas A, C, D, F y G:

ACDFG Root Notes

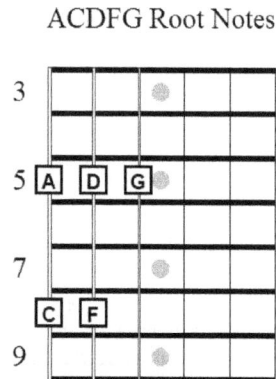

Así que ahora tenemos que ver qué acordes ancla mixolidios corresponden a cada centro tonal sin mover la mano del área del 5to - 8vo traste.

A mixolidio se toca con la forma 1.

C mixolidio se toca con la forma 5. (Recuerda que no debes tocar las dos cuerdas graves en este acorde)

D mixolidio se toca con la forma 4.

F mixolidio se toca con la forma 3,

y G mixolidio se toca con la forma 2.

A7 Shape 1

C7 Shape 5

D7 Shape 4

F7 Shape 3

G7 Shape 2

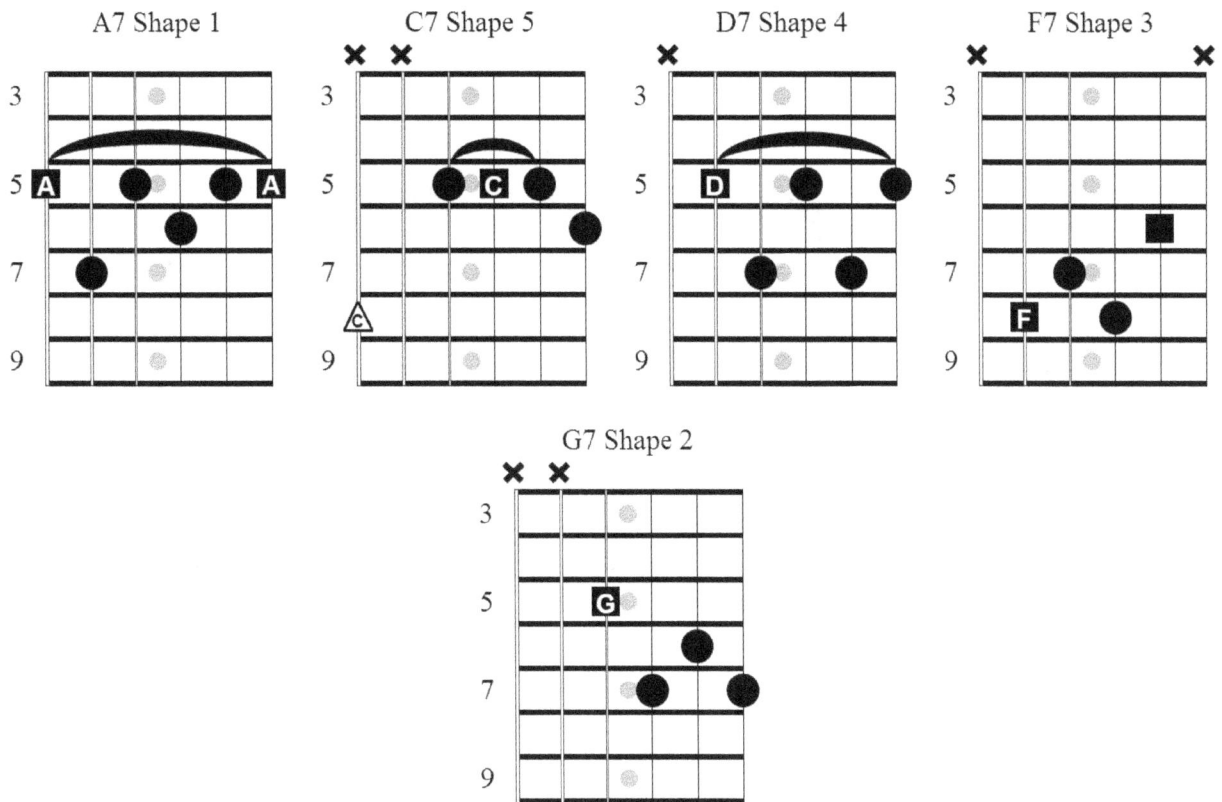

Una vez que puedas ver claramente estas formas en posición, simplemente tienes que tocar a través de cada escala a su vez para tocar cada centro tonal adecuado.

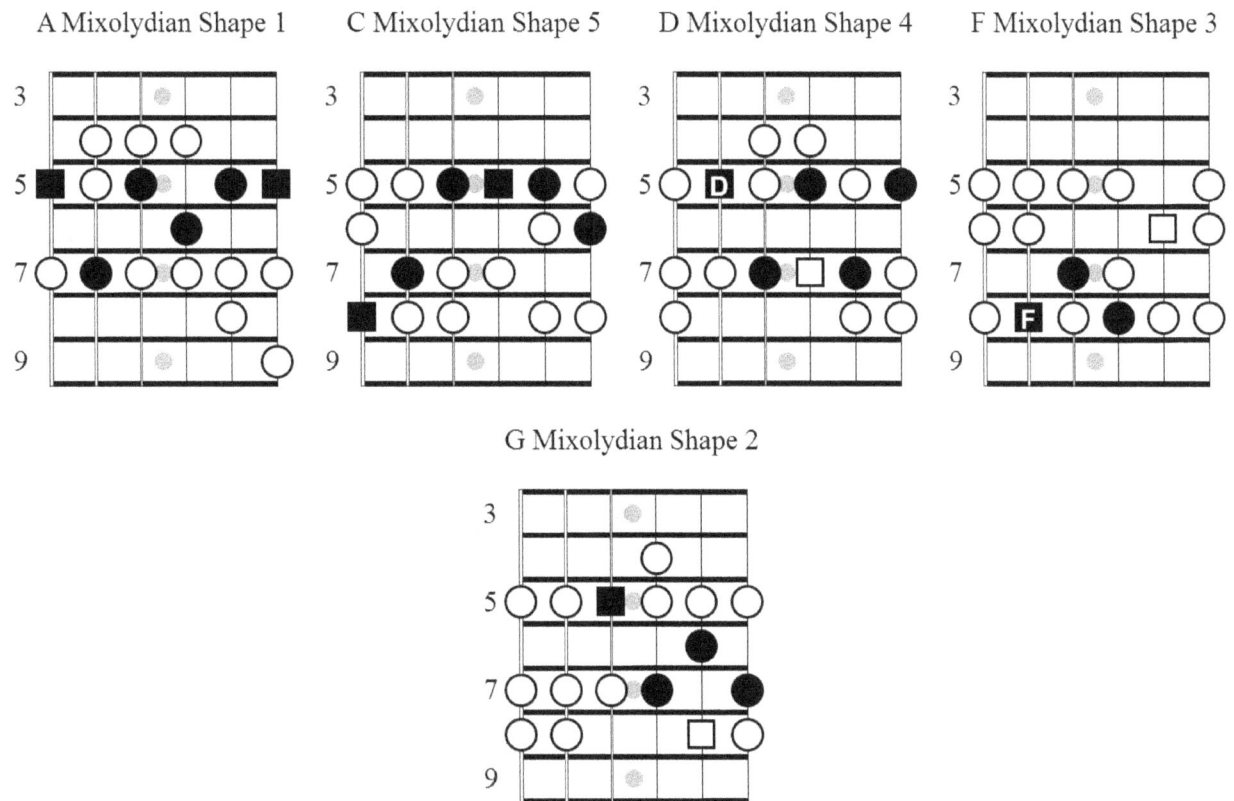

A Mixolydian Shape 1

C Mixolydian Shape 5

D Mixolydian Shape 4

F Mixolydian Shape 3

G Mixolydian Shape 2

Como siempre, empieza por tocar cada acorde antes de ascender y descender cada escala a su vez.

Figura y ejemplo de audio 25a.

A Mixolydian 5 Keys 1 Position With Chords

Cuando estés seguro, repite el mismo ejercicio pero sólo visualiza los acordes en el diapasón, no los toques esta vez. Trata de hacer esto en sincronía con la *pista de acompañamiento 5*.

Ahora desciende y luego asciende cada forma a su vez. Si primero tienes que volver a tocar tus acordes ancla, no hay problema.

Figura y ejemplo de audio 25b.

A Mixolydian 5 Keys, Descend Then Ascend

A Mixolydian Shape 1

C Mixolydian Shape 5

D Mixolydian Shape 4

F Mixolydian Shape 3

G Mixolydian Shape 2

Una vez más, escucha el ejemplo de audio primero y apúntale a tocar esto con la *pista de acompañamiento 5*.

Finalmente, asciende una forma y luego desciende la siguiente como se muestra en la *figura y ejemplo de audio 25c*. Puedes tocar este ejercicio con *pista de acompañamiento 6*.

A Mixolydian 5 Keys, 1 Position Ascending And Descending

A medida que tu visualización del diapasón mejora y desarrollas más confianza, toca tu lick favorito desde cada forma en lugar de la escala sobre la *pista de acompañamiento 5*. Si te sientes cómodo con eso, intenta solamente con improvisación alrededor de cada cambio de centro tonal. No uses licks, sólo toca bien los cambios.

Ahora es esencial esparcir estos ejercicios por el diapasón en las siguientes posiciones:

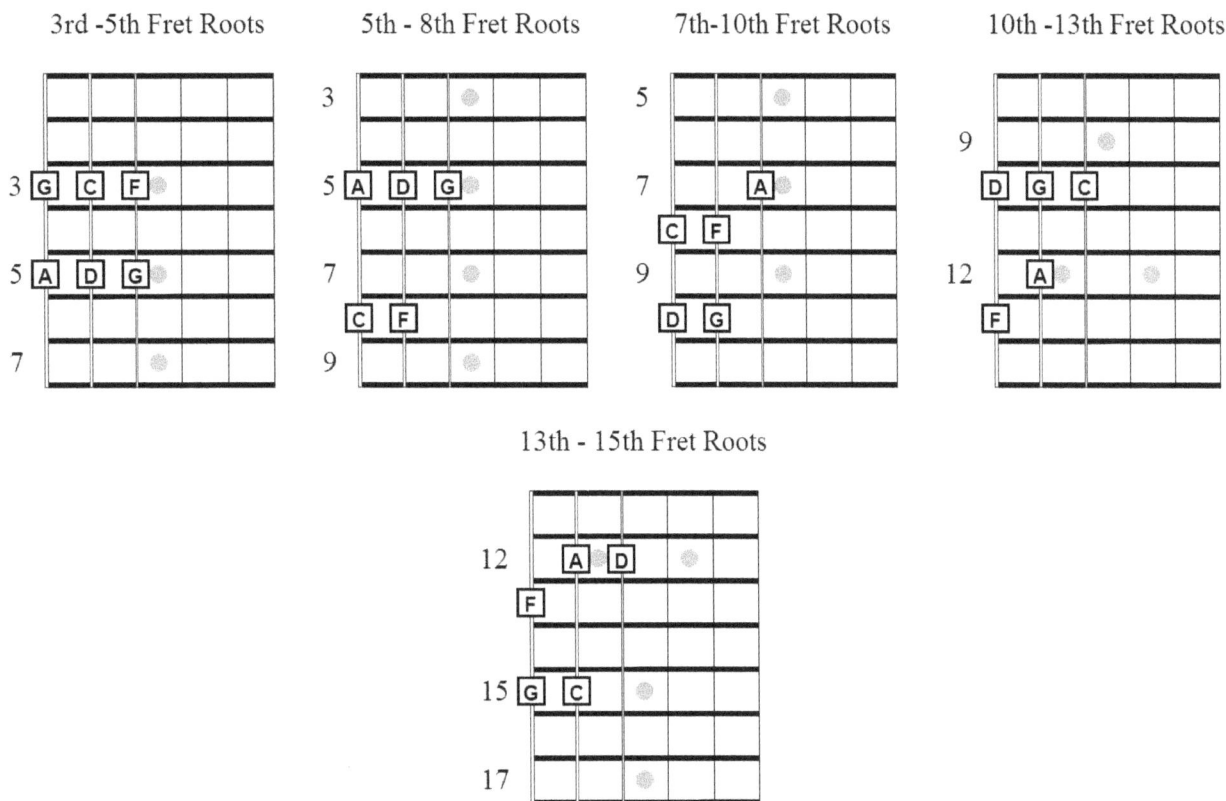

3rd -5th Fret Roots	5th - 8th Fret Roots	7th-10th Fret Roots	10th -13th Fret Roots

13th - 15th Fret Roots

Comienza en una posición con la que no estés familiarizado, por ejemplo, el área del 12vo – 15vo traste.

Trata de responder las siguientes preguntas:

¿Qué forma debes usar para tocar A mixolidia sin mover la mano de esta área?

¿Qué forma utilizas para tocar C mixolidia?

¿Qué formas tienes que usar para tocar D, F y G mixolidia?[2]

Respuestas abajo.

Ahora toca los mismos ejercicios en esta posición. No olvides utilizar licks e improvisación, al igual que escalas. Nunca pierdas de vista el objetivo de crear música.

---

[2] Respuestas: A) 4, B), 3, C/D/E) 2, 1 y 5

El modo lidio

El modo lidio puede ser uno de los sonidos más bellos y emotivos de la música. Utilizado y popularizado en composiciones por muchos músicos como Frank Zappa, Steve Vai y los Foo Fighters, tiene una tonalidad rica y con sonido casi de la India.

Entre las canciones construidas con base en el modo lidio están:

Flying in a Blue Dream – Joe Satriani

How I Miss You – Foo Fighters

La introducción de **Hole Hearted** – Extreme

Answers – Steve Vai

Shut up 'n' Play Yer Guitar – Frank Zappa

El lidio es una tonalidad muy importante en el rock moderno y es un aprendizaje esencial para los guitarristas prometedores y capaces.

En su primera posición, el lidio se puede tocar como se muestra a continuación y normalmente se escucha sobre un **acorde de 7ma mayor**:

Figura y ejemplo de audio 26a.

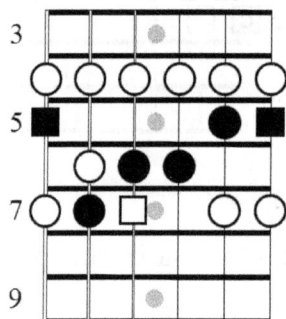

A Lydian Shape 1

Toca esta escala sobre la pista de acompañamiento de lidio (*pista de acompañamiento 10*) para interiorizar su carácter único. Apréndelo alrededor del acorde de 7ma mayor mostrado arriba.

El sistema CAGED con el modo lidio

Una vez más, vamos a aprender el modo lidio sobre todo el diapasón relacionándolo con formas de acordes adecuados. En el caso del lidio, utilizamos acordes de 7ma mayor. Aquí están las 5 posiciones del acorde de 7ma mayor de A:

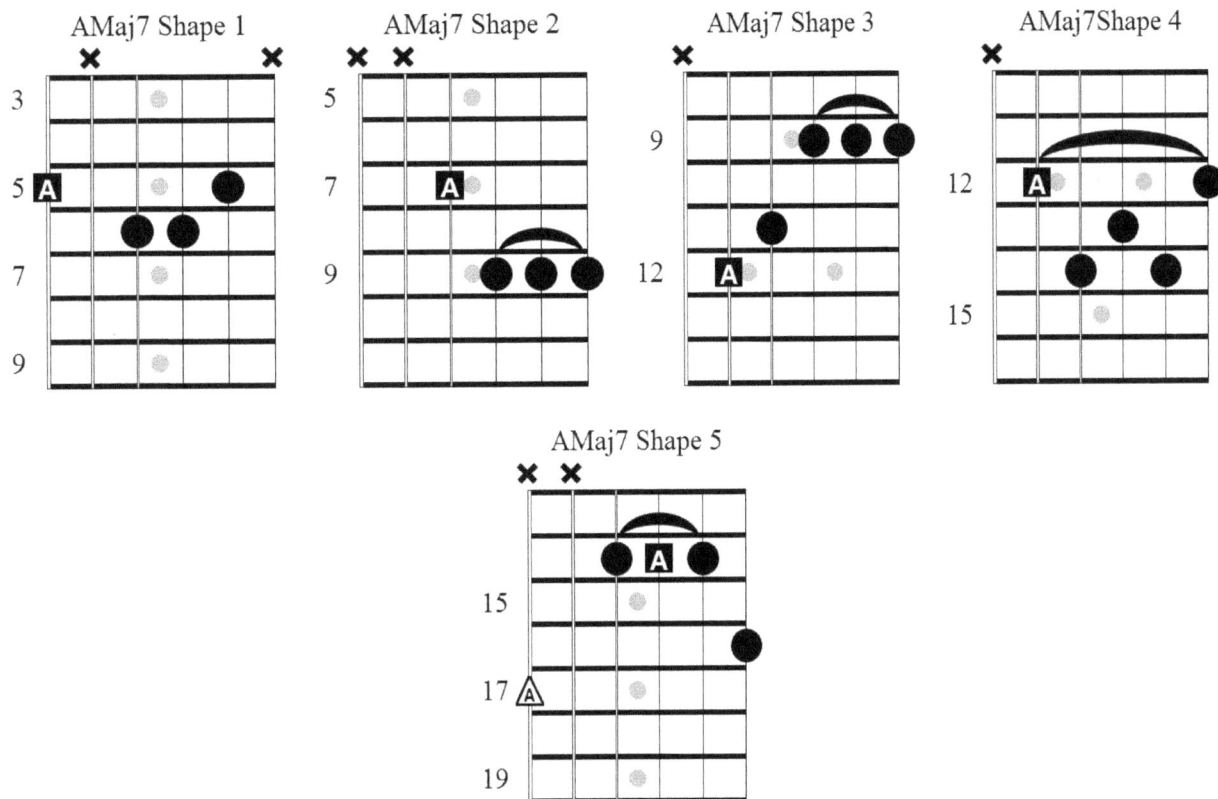

AMaj7 Shape 1 · AMaj7 Shape 2 · AMaj7 Shape 3 · AMaj7Shape 4 · AMaj7 Shape 5

No toques la nota grave de la forma 5, simplemente visualízala como una fundamental en la 6ta cuerda.

Toca a través de las 5 formas de A de 7ma mayor en orden como se muestra en la *figura y ejemplo de audio 26b*.

Figura y ejemplo de audio 26b.

Para probar tu conocimiento, intenta saltar entre formas como en la *figura y ejemplo de audio 26c.*

Ahora que has aprendido de memoria las formas de los acordes, vamos a aprender las 5 posiciones del modo lidio en contexto alrededor de ellas. Como siempre, toca y di el acorde antes de tocar cada escala.

Figura y ejemplo de audio 26d.

AMaj7 Shape 1   A Lydian Shape 1

A Lydian Shape 1

```
T  5                                          4- 5      7- 5- 4
A  6                         4- 5- 7                     7- 5- 4
   6              4- 6                      6- 4
B  5        4- 6- 7                               7- 6- 4
   5  4- 5- 7                                          7- 6- 4
                                                7- 5      4
```

Figura y ejemplo de audio 26e.

AMaj7 Shape 2   A Lydian Shape 2

A Lydian Shape 2

```
T  9                                         7- 9      11- 9- 7
A  9                         7- 9- 10                   10- 9- 7
   9              6- 8- 9                    9- 8- 6
B  7        6- 7- 9                               9- 7- 6
   7- 9                                                9- 7- 6
                                                   9      7
```

Figura y ejemplo de audio 26f.

AMaj7 Shape 3   A Lydian Shape 3

A Lydian Shape 3

Figura y ejemplo de audio 26g.

AMaj7Shape 4   A Lydian Shape 4

A Lydian Shape 4

Figura y ejemplo de audio 26h.

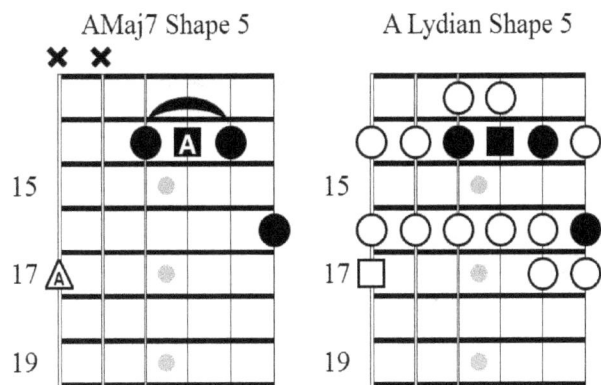

AMaj7 Shape 5

A Lydian Shape 5

A Lydian Shape 5

Conecta las posiciones con ayuda de este ejercicio para ascender a través de las 5 formas por el diapasón:

Figura y ejemplo de audio 26i.

A Lydian Shape 1 ... A Lydian Shape 2 ... A Lydian Shape 3 ... A Lydian Shape 4 ... A Lydian Shape 5

Practica para encontrar tantos caminos como puedas entre las formas en todas las 6 cuerdas.

Licks de rock con el modo lidio en 5 posiciones

Licks lidios - Forma 1

A Lydian Shape 1

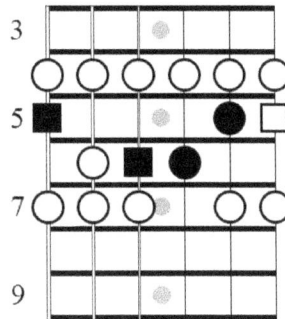

Figura y ejemplo de audio 27a.

Figura y ejemplo de audio 27b.

Figura y ejemplo de audio 27c.

Figura y ejemplo de audio 27d.

Figura y ejemplo de audio 27e.

Licks lidios -Forma 2

A Lydian Shape 2

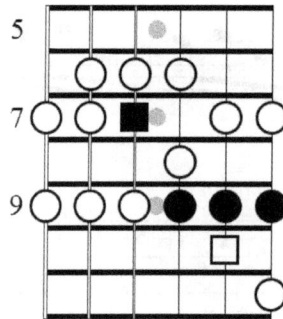

Figura y ejemplo de audio 28a.

Figura y ejemplo de audio 28b.

Figura y ejemplo de audio 28c.

Figura y ejemplo de audio 28d.

Figura y ejemplo de audio 28e.

Licks lidios -Forma 3

A Lydian Shape 3

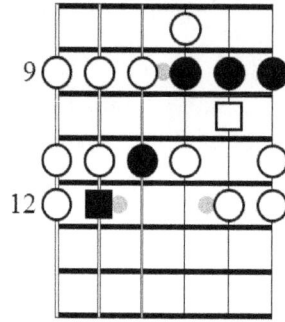

Figura y ejemplo de audio 29a.

Figura y ejemplo de audio 29b.

Figura y ejemplo de audio 29c.

Figura y ejemplo de audio 29d.

Figura y ejemplo de audio 29e.

Licks lidios -Forma 4

A Lydian Shape 4

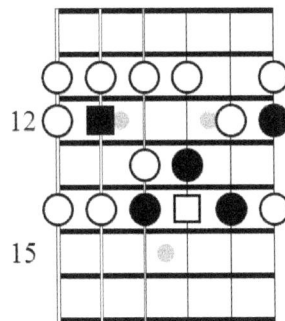

Figura y ejemplo de audio 30a.

Figura y ejemplo de audio 30b.

Figura y ejemplo de audio 30c.

Figura y ejemplo de audio 30d.

Figura y ejemplo de audio 30e.

Licks lidios -Forma 5

A Lydian Shape 5

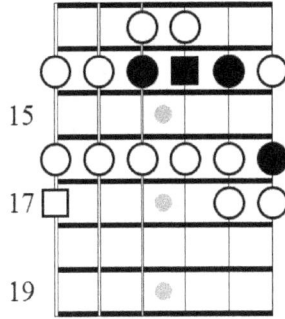

Figura y ejemplo de audio 31a.

Figura y ejemplo de audio 31b.

Figura y ejemplo de audio 31c.

Figura y ejemplo de audio 31d.

Figura y ejemplo de audio 31e.

5 centros tonales en una posición con el lidio

Con el fin de ser capaz de tocar el modo lidio en cualquier tonalidad y en cualquier posición, realiza los siguientes ejercicios a través de los centros tonales A, C, D, F y G, comenzando en el área del 5to al 8vo traste antes de extenderte a todas las 5 posiciones en el diapasón como se detalló anteriormente.

Toca todos los acordes ancla en una posición en el orden A Maj7, C Maj7, D Maj7, F Maj7 y G Maj7.

Luego, toca las escalas de A lidia, C lidia, D lidia, F lidia y G lidia en la región de los trastes 5to al 8vo. Puedes preceder a cada escala con su acorde ancla si estás teniendo dificultades para ver las formas correctas.

Figura y ejemplo de audio 32a.

G Lydian Shape 2

Comienza lentamente, pero trabaja para tocar esto sincronizado con la pista de ejemplo y *pista de acompañamiento 7*.

Ahora repite este ejercicio, pero desciende y luego asciende cada escala; de nuevo, apúntale a tocar sincronizado con la *pista de acompañamiento 7*.

Intenta ascender A lidia y luego descender C lidia como se muestra en la *figura y ejemplo de audio 32b*. Esto se puede tocar junto con la *pista de acompañamiento 8*.

A Lydian 5 Keys, 1 Position Ascend And Then Descend

A Lydian Shape 1   C Lydian Shape 5

D Lydian Shape 4   F Lydian Shape 3

G Lydian Shape 2   A Lydian Shape 1

C Lydian Shape 5 / D Lydian Shape 4 / F Lydian Shape 3 / G Lydian Shape 2

Cuando hayas desarrollado confianza con estos ejercicios, reemplaza cada forma de escala con tu lick de dos compases favorito en cada tonalidad y toca un solo a través de las 5 tonalidades en una posición.

Trata de improvisar libremente sin licks; asegúrate de caer en una nota fuerte (tono de acorde) cada vez que la tonalidad cambia.

Transfiere todas las ideas de este capítulo a todas las otras posiciones en el diapasón.

Conclusiones

Ahora deberías estar familiarizado con el proceso que utilizo para memorizar todas mis escalas y licks en cualquier tonalidad, en cualquier lugar de la guitarra.

Los cuatro pasos son:

Aprender la forma del acorde ancla que se crea en el primer tono de la escala.

Memorizar la forma de escala alrededor del acorde.

Aprender licks alrededor de la forma de acorde.

Incorporar los lick a tu propia interpretación natural rodeándolos con tus propias ideas.

Cualquier escala o modo se puede dividir en 5 formas separadas, cada una construida en torno a un acorde fácilmente reconocible. Si puedes memorizar la escala en torno a este acorde, no tendrás problemas para tocar en diferentes tonalidades ya que basta con deslizar el acode ancla a otra posición en el diapasón.

Debes conocer la ubicación de todas las notas de las tres cuerdas graves de tu guitarra. ¡No es tan difícil como parece!

La mejor manera de practicar el uso de cualquier forma en cualquier posición es tocar a través de los centros tonales A, C, D, F y G, manteniendo la mano del diapasón dentro de un rango de 3 trastes.

Utiliza las pistas de acompañamiento de este libro y el Internet para ayudarte a practicar en diferentes tonalidades. Hay cientos disponibles. Cada vez que toques un solo, empieza deliberadamente en una zona desconocida del diapasón para ayudarte a desarrollar tu percepción visual.

¡Por encima de todo, escucha! Graba tu práctica tan frecuentemente como puedas. Esto puede ser difícil al principio, pero al hacer una evaluación honesta de tu interpretación, vas a mejorar mucho más rápido. Mi mejor consejo es que no *escuches de nuevo tu grabación durante 24 horas*. Esto te dará la oportunidad de ser más objetivo y desapegado. Criticar demasiado una sesión de práctica desafiante te puede dejar con sentimientos negativos acerca de tu música. Al esperar un día, volverás con una cabeza calmada y una mente más observadora.

¡En caso de duda, sólo toca y diviértete!

Joseph

Sé social

Únete a más de 10.000 personas que están obteniendo seis lecciones de guitarra gratuitas todos los días en Facebook:

www.facebook.com/FundamentalChangesInGuitar

Mantente al día en Twitter

@Guitar_Joseph

www.ingramcontent.com/pod-product-compliance
Lightning Source LLC
Chambersburg PA
CBHW081134090426
42737CB00018B/3333